J'ai été volée à mes parents

W0211917

Céline Giraud
avec Émilie Trevert

J'ai été volée à mes parents

Flammarion

Ouvrage publié sous la direction de Christophe Deloire

© Flammarion, 2007
ISBN : 978-2-0806-9083-8

« Le courage, c'est de chercher la vérité et de la dire ; c'est de ne pas subir la loi du mensonge triomphant qui passe. »

Jean JAURÈS

À mes parents, à ma fille.

C. G.

À ma mère.

E. T.

Prologue

Le 22 février 2004, ma vie a basculé. Ce jour-là, à l'âge de vingt-trois ans, j'ai appris que je n'avais pas été adoptée dans des conditions normales, mais que j'avais été volée à mes parents biologiques au Pérou. Volée par une bande de trafiquants d'enfants qui m'a ensuite vendue sur le « marché » de l'adoption internationale. C'est en voulant renouer avec mes origines que j'ai découvert l'effrayante vérité. Une vérité que l'on avait également cachée à mes parents adoptifs français, Brigitte et Jean-Marc Giraud.

Trois ans se sont écoulés. Il a fallu dépasser la rage, la colère et le désir de vengeance. Il a fallu digérer la vérité, l'apprivoiser pour qu'elle devienne mon histoire. Il a fallu que j'apprenne à connaître ma famille péruvienne. Il a fallu que je fasse ma propre enquête sur ce trafic d'enfants, que je recherche les autres enfants volés... et que je rencontre une jeune journaliste indépendante, Émilie Trevert, pour que ce livre voie le jour.

Aujourd'hui, je sens qu'il est de mon devoir de témoigner. Les mots « trafics d'enfants » ne sont pas des inventions de journalistes. Les enlèvements d'enfants ont existé et existent encore dans le monde de l'adoption. Près de 25 000 couples français sont dans l'attente d'une adoption, ils ne doivent pas ignorer ces risques. Ce livre doit exister pour que l'on ne dise plus qu'on ne savait pas.

Mon expérience, je veux également la faire partager aux enfants adoptés dans des conditions normales. Je veux leur dire que l'on ne ressort en aucun cas indemne d'une recherche d'origine. Personne n'est suffisamment préparé pour découvrir son passé, quel qu'il soit. Les enfants adoptés ont toujours tendance à combler le vide angoissant du début de leur existence par des rêves, des fantasmes. Mais la vérité n'est pas toujours celle que l'on souhaiterait entendre.

À travers l'association que j'ai créée, « La voix des adoptés », je me suis rendu compte que l'adoption est encore un sujet tabou dans de nombreuses familles. Heureusement, les mentalités évoluent. Et les parents adoptifs pourront peut-être se rassurer en lisant mon histoire. Car ma quête d'origine ne m'a pas éloignée de ma famille française, bien au contraire. Même si j'ai beaucoup de respect pour la femme qui m'a mise au monde, mes parents resteront toujours mon papa et ma maman, ceux qui m'ont élevée et guidée depuis mon enfance jusqu'aux premiers pas dans ma vie d'adulte. Si je leur dis « merci » aujourd'hui, ce n'est pas pour m'avoir adoptée, mais tout simplement parce que ce sont de formidables parents. C'est à eux que je dédie ce livre.

1. La fin d'un rêve

Paris, janvier 2004. Ça m'a pris subitement un matin. C'était un samedi, il devait être 10 ou 11 heures. Encore somnolente dans mon lit-mezzanine, je fixais le plafond blanc de mon petit deux pièces, où je vivais seule avec ma fille. Là, emmitouflée dans ma couette, j'ai eu comme une révélation : « Il faut que je retrouve ma mère ! » J'étais restée vingt-trois ans sans chercher à connaître la femme qui m'avait mise au monde. Plusieurs fois, l'occasion s'était présentée, mais je ne l'avais pas saisie. Je ne me sentais pas prête. Cette fois, le moment était venu. Soudain, c'était même vital. Il fallait que je la retrouve à tout prix et le plus vite possible. J'ai dévalé l'échelle de ma mezzanine, manquant de me casser la figure. J'ai couru vers mon placard pour y sortir mon dossier d'adoption qui dormait sous une pile de factures depuis des années. Je savais que le nom de ma mère biologique y était mentionné.

D'elle, je n'avais aucun souvenir. Et pour cause, j'avais seulement seize jours quand un couple de Français m'a adoptée au Pérou. Depuis mon arrivée en

France, en 1980, mes parents adoptifs avaient compilé tous les documents relatifs à mon adoption dans une chemise en carton rouge, sur laquelle était écrit : « Papiers concernant Céline ». Je l'appelais mon « dossier rouge ». Mes parents le laissaient toujours à portée de main pour que je puisse regarder ce qu'il y avait dedans. J'ai la chance d'avoir grandi dans une famille où l'adoption n'a jamais été un sujet tabou. Enfant, je faisais mine de ne pas m'y intéresser, sans doute pour ne pas faire de peine à mes parents. Mais quand ma mère sortait, il m'arrivait d'ouvrir cette chemise en carton rouge. Je le faisais en cachette alors que personne ne me l'interdisait. Pour moi, c'était comme un livre de contes où je pouvais lire « l'histoire de ma vie ».

Évidemment, je ne comprenais pas tout. La plupart des documents étaient écrits en espagnol : le jugement qui officialise mon adoption, un extrait d'acte de naissance, un certificat médical... et puis mon passeport péruvien. Il était vert bouteille avec des armoiries dorées sur lesquelles était dessiné un lama. À l'intérieur, il y avait ma photo d'identité, celle d'un bébé d'à peine un mois, déjà coiffé d'une tignasse noire. Sur ce cliché où je flotte dans une layette blanche, on aperçoit le bras de mon père qui me porte comme un trophée à hauteur de l'objectif du photographe. Dans mon dossier, il y avait aussi un petit bracelet en plastique transparent, comme ceux que l'on met au poignet des nouveau-nés à la maternité, sur lequel était inscrit « Jean-Marc Giraud », le nom de mon père adoptif. Ce que j'aimais surtout lire dans mon « dossier rouge », c'était les faire-part et les lettres de félicitation adressées à mes parents. « Bienvenue en France et dans votre foyer à la petite Céline », « Vous avez une très jolie petite fille qui a l'air bien sage », « Nous ne pouvons que vous féliciter d'avoir une aussi jolie poupée », « Quel bonheur d'être enfin parents ! »... C'était la preuve que j'avais été désirée.

À ma majorité, mes parents m'avaient confié ce fameux dossier rouge en me disant d'en prendre soin. Mais dans ce dossier qui était censé raconter l'histoire de ma vie, il manquait un chapitre que j'allais bientôt découvrir en fouillant mon passé. De ma mère biologique, je ne savais pas grand-chose, à part son identité qui figurait en toutes lettres dans mon dossier rouge. Mes parents adoptifs ne l'avaient jamais rencontrée. Ils savaient juste qu'elle était jeune et pauvre quand elle m'avait donné naissance à Callao, le premier port du Pérou. À partir de là, je m'étais fait un film. J'imaginais un navire de guerre américain, faisant escale, avec à son bord un beau *marine* qui serait tombé amoureux de ma mère et lui aurait fait un enfant, MOI. Son soldat reparti, ma mère, seule et sans argent pour m'élever, m'aurait placée dans un orphelinat. J'ai donc grandi avec l'idée que ma mère biologique m'avait abandonnée. Je comprenais son geste. Je ne lui en voulais pas.

Mais maintenant, il fallait que je la retrouve. Ce projet, que je savais possible, tournait à l'obsession. Mon petit ami Fernando, lui-même péruvien, m'avait proposé plusieurs fois de m'aider. Son père, qui vivait à Lima, était un ancien flic, et avec le nom qui figurait dans mon dossier rouge, d'après lui, on n'aurait aucun mal à la localiser. Jusqu'ici, j'avais toujours refusé son aide, je n'étais pas encore prête à la rencontrer. Ce matin-là, j'ai glané dans mon dossier rouge toutes les informations que je pouvais trouver. J'ai griffonné sur un bout de papier le nom et le prénom de ma mère, la date à laquelle elle m'avait abandonnée, l'hôpital où elle avait accouché... Et j'ai immédiatement appelé Fernando.

— ... Ça y est, je suis prête, je veux retrouver ma mère !

— Calme-toi !, m'a répondu Fernando. Je ne peux rien faire pour l'instant, je suis au travail. J'appellerai mon père ce soir...

Mon petit ami n'avait pas l'air de comprendre. Pour moi, il y avait urgence. Je bouillonnais d'impatience. J'étais surexcitée. Bientôt, ce ne serait plus un rêve. Je pourrais retrouver ma mère, mettre un visage sur son nom ! Incapable de tenir en place, je faisais les cent pas dans mon 40 m^2. Pour passer le temps, je me suis mise à éplucher mon dossier. J'ai constaté que le nom de ma mère était orthographié de deux manières différentes. Sur un document, elle s'appelait Cristina Cahuas et sur un autre Cristina Cahues. En feuilletant tous les papiers, j'ai remarqué que l'orthographe Cahuas revenait plus souvent, notamment sur les documents officiels écrits en espagnol. Maintenant que je maîtrisais la langue, je pouvais enfin tout traduire. Dans le jugement d'adoption, il était fait référence à un feuillet numéroté 50, sur lequel ma mère aurait donné « son consentement total et spontané à l'adoption, affirmant qu'elle agissait ainsi parce qu'elle traversait une crise morale et matérielle aiguë, suite à l'abandon par le père de l'enfant, qui ne l'avait pas reconnu ». C'est bien ce qu'on avait dit à mes parents, j'étais née de père inconnu. En lisant « crise morale et matérielle aiguë », j'imaginais dans quel dénuement ma mère devait se trouver à cette époque. Mais où se trouvait donc ce feuillet 50 ? J'ai eu beau chercher, à aucun endroit dans mon dossier, je ne l'ai trouvé. Il devait pourtant s'agir de l'acte d'abandon signé par ma mère. Je pensais que cette pièce était indispensable à l'adoption. Mes parents l'avaient peut-être égarée ?

Un autre paragraphe a retenu mon attention : « Attendu que la mineure se trouve dans une situation de grave carence familiale, il convient à ses intérêts supérieurs et à titre de mesure pour son avenir, de la confier à titre définitif au foyer que lui offrent les époux Giraud, par le lien légal de l'adoption ». Et le juge précisait : « Eu égard à la situation de la mineure, les adoptants sont dispensés des conditions concernant l'âge minimum et l'absence de descendance requises pour cet acte ». Je ne comprenais pas bien la raison de cette dérogation. Ma vie était-elle à ce point en danger pour justifier une procédure d'urgence ? De toute façon, j'étais trop énervée pour trouver des réponses sensées. Je refermai le dossier, des questions plein la tête.

N'y tenant plus, je suis allée acheter une carte téléphonique pré-payée afin de pouvoir joindre le père de Fernando dans la soirée. Mon petit ami appelait ça des « cartes latino ». Il s'en servait pour téléphoner à sa famille, restée au Pérou. Moi aussi, dorénavant, j'allais utiliser des cartes latino pour appeler ma mère ! J'étais contente d'acheter ma première carte. Je me souviens qu'il y avait dessus un pélican et un symbole inca. De retour chez moi, je ne savais plus quoi faire, je tournais en rond. Toutes les cinq minutes, je regardais ma montre et j'appelais Fernando sur son portable. J'avais besoin de lui parler, mais il n'avait pas le temps. À l'époque, il enchaînait les petits boulots dans des bars parisiens. Je savais qu'il ne serait pas de retour avant minuit.

À minuit et demi, il est enfin arrivé. Je lui ai sauté dessus en brandissant ma carte latino pour que nous descendions ensemble à la cabine téléphonique. Manuel, c'était le prénom de son père, ne sembla pas étonné par notre appel. Fernando lui avait déjà parlé de moi, et il était prêt à nous aider. Grâce à un fichier de police recensant toutes les cartes d'identité péruviennes, il pourrait retrouver rapidement la trace de ma mère. À ce moment-là, je ne pensais pas à mon père biologique puisqu'il ne m'avait pas reconnue, d'après les documents officiels. Fernando donna toutes les informations que j'avais récupérées dans le dossier rouge. Quand il raccrocha, je fus soulagée. Manuel nous tiendrait informés dès qu'il aurait du nouveau. Je me dis que les recherches iraient vite, que j'avais de la chance d'avoir un beau-père qui avait travaillé dans la police.

En effet, quelques semaines plus tard, j'appris qu'il avait retrouvé ma mère. Mais je ne m'attendais pas à de telles révélations. C'était le 22 février 2004, à 19 heures. Je me souviendrai de ce jour toute ma vie. Il faisait un froid glacial. J'attendais Fernando depuis un bon quart d'heure sur le quai du métro Miromesnil, dans le VIIIe arrondissement. Nous devions rentrer tranquillement chez moi après avoir passé le dimanche dans nos familles. Il est enfin arrivé. « Il faut que je te parle », m'a-t-il dit, l'air grave. Nous nous sommes assis sur un banc du métro. Fernando m'a prise sur ses genoux et m'a annoncé :

— On a retrouvé ta mère. Mais il faut que tu saches : tu n'as pas été abandonnée, tu as été volée !

J'ai ri nerveusement. Ce ne pouvait être qu'une mauvaise blague. Fernando adorait me faire marcher. Il est vrai que j'avais tendance à croire tout ce qu'on me disait, mais cette fois, la plaisanterie était vraiment de mauvais goût. Je refusai d'entrer dans son jeu. Malgré moi pourtant, sa phrase avait réveillé un doute. Par réflexe, je lui ai quand même demandé si c'était vrai. Et là, j'ai vu qu'il ne mentait pas. J'étais sonnée, comme un boxeur renvoyé dans ses cordes. Tout se bousculait dans ma tête. Je ne savais plus quoi penser. Devais-je être heureuse d'avoir retrouvé ma mère ? Ou anéantie d'apprendre que j'étais une « enfant volée » ? Et qu'est-ce que cela signifiait au juste ? Qui m'avait volée et pourquoi ?

Le métro est arrivé. Fernando m'a prise par la main. Nous nous sommes assis dans le wagon, côte à côte. J'étais dans un état second. Je restais muette et me répétais sans cesse cette phrase : « Tu n'as pas été abandonnée, tu as été volée ». Les stations de métro défilaient. À chaque arrêt, cette phrase devenait un peu plus réelle. Comme si ma tête cognait de plus en plus fort contre un mur. En arrivant chez moi, j'ai craqué. Je me suis effondrée en larmes. J'étais en colère contre la terre entière. Fernando ne réagissait pas. Je lui disais : « Tu ne te rends pas compte ! » J'avais besoin qu'il m'explique comment j'avais pu être volée ! Malheureusement, il n'en savait pas plus. J'étais perdue. J'avais la sensation d'avoir été arrachée à ma terre natale. Comme une fleur qu'on aurait déracinée de force. Soudain, le film que je m'étais projeté pendant toute mon enfance s'effaçait. Mon scénario volait en éclats. Cette histoire de *marine*, pourtant, je m'y étais accrochée comme à une bouée pour combattre l'angoisse du « trou noir ». Je ne pouvais pas me résoudre à l'idée que je venais de nulle part. J'avais vingt-trois ans. On venait de me voler mon rêve d'enfant. Je ne savais plus qui j'étais.

2. La version officielle

Avec le recul, je me rends compte que j'ai toujours été tournée vers mon passé. Depuis toute petite, je menais sans le savoir une enquête sur moi-même, comme si, inconsciemment, je cherchais la pièce manquante. J'ai souvent interrogé mes parents sur mon adoption. Et ils n'ont jamais éludé une seule de mes questions. Je tiens à préciser que, bien entendu, ils ignoraient tout du terrible secret que je leur révèlerais moi-même en ce début d'année 2004.

Ma mère, Brigitte, et mon père, Jean-Marc, se sont connus adolescents à Saint-Denis, en banlieue parisienne, où leurs propres parents habitaient le même quartier. Tous deux venaient d'un milieu modeste. C'était l'époque baba-cool, Brigitte portait de longs cheveux noirs bouclés et Jean-Marc la moustache. Sitôt terminé son service militaire, mon père a demandé la main de ma mère. Le jeune couple rêvait d'une famille nombreuse. Mais ils ne parvenaient pas à avoir d'enfants. Les médecins ont mis deux ans avant de diagnostiquer la stérilité de mon futur père. Après deux tentatives d'insémination artificielle, mes futurs parents ont décidé d'adopter. Sur les conseils d'un couple d'amis, ils ont alors frappé à la porte de la deuxième association française d'adoption, « Rayon de soleil de l'enfant étranger ». Une association dûment agréée par l'État, ce qu'on appelle dans le jargon un « organisme autorisé pour l'adoption » (OAA). Peu leur importait le pays d'origine de l'enfant. Après avoir fait toutes les démarches, ceux qui allaient devenir mes parents ont encore patienté un an. Puis, un jour, Rayon de soleil les a prévenus qu'un bébé serait bientôt disponible au Pérou. Quinze jours avant que je ne pousse mes premiers cris, j'avais été « réservée » pour eux.

À cette époque, mes parents habitaient un petit pavillon qu'ils avaient fait construire à Quincy-sous-Sénart, dans l'Essonne. Ma mère, vingt-six ans, était employée de banque. Mon père, vingt-huit ans, menuisier. Dans l'attente de ma venue, il fabriquait les meubles de ma future chambre d'enfant.

Ce 15 juillet 1980, mon père était en train de finir de poncer ma petite commode quand le téléphone a sonné. Ma mère a décroché. C'était une secrétaire de Rayon de soleil :

— Une petite fille est née hier. Elle vous attend. Venez vite la chercher !

Brigitte et Jean-Marc étaient fous de joie. En même temps, pour eux, c'était un peu la panique. Ils ne disposaient que de quinze jours pour tout organiser. D'ici là, ils devaient acheter les billets d'avion pour Lima, se procurer des visas, se faire vacciner contre la fièvre jaune – obligatoire à l'époque –, obtenir un congé de leurs employeurs... Et surtout réunir l'argent demandé : 3 500 dollars, environ 22 000 francs à l'époque. Une somme destinée à être reversée en grande partie à l'intermédiaire péruvien, à qui mes parents devaient aussi remettre 900 dollars pour pouvoir se loger à Lima. Autant dire une fortune pour eux. Il a fallu qu'ils fassent appel à la famille qui, dans l'urgence, s'est cotisée.

Mes parents n'étaient jamais partis aussi loin. Dans leur tête, ils réalisaient le voyage de noces qu'ils n'avaient jamais pu s'offrir. Ils avaient prévu de rester un mois sur place, le temps de régler toutes les formalités. Le temps aussi que j'atteigne l'âge minimum pour prendre l'avion sans risque. Aujourd'hui, adopter un bébé de seize jours serait impensable. Mais en 1980, les règles en matière d'adoption internationale étaient encore laxistes. Mes futurs parents n'ont pas été choqués par mon jeune âge, ils étaient si contents d'avoir enfin un enfant. Plus tard, ma mère me l'a suffisamment répété : dès l'instant où elle m'a prise dans ses bras, elle a eu la sensation que j'étais sa fille. Enfant, je lui demandais souvent de me raconter ce premier jour qui pour moi tenait lieu de naissance. Cette histoire, je l'ai entendue des dizaines de fois.

C'était le 31 juillet 1980, à Lima. Arrivés de Paris la veille, mes parents s'étaient installés dans le petit appartement qu'on leur avait assigné. Vers 7 heures du matin, une grosse dame leur a amené le bébé. Moi ! Un nouveau-né de seize jours vêtu d'une petite brassière orange et d'une simple culotte, en plein hiver péruvien ! À mon poignet était accroché un petit bracelet en plastique qui tombait tout le temps. Il faut dire que je ne pesais que

2,2 kg. La grosse dame s'est empressée de retirer le peu de vêtements que je portais, en expliquant qu'ils allaient servir à d'autres enfants. J'avais les fesses toutes rouges et apparemment infectées. Malgré cela, mes nouveaux parents étaient aux anges, ils m'admiraient comme la huitième merveille du monde.

Mon père se rappelle que la grosse dame lui répétait en boucle : « *Plata, plata !* », en tapant de la main sur sa fesse. En espagnol, « plata » veut dire argent, et en langage des signes, j'imagine que la fesse droite désignait l'endroit du portefeuille. Je comprendrai plus tard pourquoi la grosse dame insistait tant auprès de mon père pour obtenir l'argent. Elle avait la soixantaine, une allure de « mama » sud-américaine qui laissait deviner un caractère bien trempé. À cet instant, derrière ses grosses lunettes en plastique qui lui mangeaient le visage, elle affichait un large sourire qui la rendait sympathique. Elle répondait au nom de Luz Mendoza[1]. Officiellement, c'était la présidente de « San Benito de Palermo », une association censée s'occuper des enfants abandonnés au Pérou. Mes parents pensaient que l'argent qu'ils lui avaient versé servirait à cette cause. Avant leur départ, Rayon de soleil leur avait donné un document sur lequel étaient inscrits les statuts de l'association. Je l'ai trouvé plus tard dans mon dossier rouge. Sur ce bout de papier tapé à la machine et mal traduit en français, l'Institution San Benito de Palermo se présentait comme une « entité privée de bien-être social » qui avait pour but de

1. Pour des raisons juridiques, certains noms de ce livre ont été modifiés.

« participer à la protection de l'enfance ». Leurs statuts ne comprenaient que quatre articles en tout et pour tout. Il était écrit que ladite institution se chargeait de « recueillir des enfants abandonnés en danger moral ou des cas sociaux » en vue de leur adoption, et d'« apporter une aide à la mère célibataire » avant et après son accouchement en lui faisant « parvenir de la nourriture et en l'aidant à trouver un travail ». San Benito semblait avoir un but charitable et disait même reverser une partie de l'argent aux mères biologiques afin de les aider à se réinsérer. Aux yeux de mes parents, croyants et très généreux de nature, cela justifiait la somme de 3 500 dollars. Ils savaient aussi qu'une autre partie de l'argent servait à garder l'enfant en crèche avant leur arrivée.

Depuis, j'ai réussi à reconstituer l'organigramme de l'association. À la tête de cette « entreprise » familiale, il y avait donc la grosse dame, Luz Mendoza, et son mari, Teodosio, qui faisait office de secrétaire. Suivaient leurs deux filles Rosa et Dora, la trentaine, qui se présentaient comme des assistantes sociales. Cette charmante petite famille avait de quoi rassurer mes parents qui débarquaient dans un pays inconnu, dont ils ne maîtrisaient pas la langue. D'autant plus que le nom à consonance catholique de l'institution sonnait comme un gage d'honnêteté. Les Mendoza étaient au-dessus de tout soupçon. En apparence, du moins.

À aucun moment, mes parents n'ont eu de contact avec l'administration péruvienne. La famille Mendoza se chargeait de tout, notamment de récupérer les papiers auprès du juge pour enfants censé vérifier que l'adoption était faite dans les règles. Mes parents se contentaient de signer les papiers pré-remplis. Les Mendoza leur avaient montré une photo de ma mère biologique. Elle paraissait très jeune. Seize ans, avait dit Luz Mendoza, avant d'ajouter que j'étais « son premier enfant, né de père inconnu ». Tout cela était faux, je l'apprendrais plus tard. Ma mère avait en fait vingt-trois ans quand je suis née. Elle était mariée et avait déjà une fille. Une seule chose était exacte dans le récit de Luz : la femme qui m'avait mise au monde vivait dans un bidonville de Callao.

À chaque fois qu'ils rencontraient mes parents, les Mendoza faisaient tout leur possible pour les mettre en confiance. Une fois, Luz et sa fille Dora sont venues leur rendre visite avec un gros gâteau à la crème. Une autre fois, mes parents se sont déplacés à leur « bureau » pour signer des papiers. C'était en fait un bel appartement, situé dans le quartier chic de San Isidro. Lors des entrevues, les Mendoza insistaient sur le caractère « humanitaire » de leur action. Le visage de Luz a marqué mon enfance. Mes parents m'avaient souvent montré des photos d'elle quand je leur demandais de me raconter leur voyage au Pérou. Je me souviens d'un cliché, en particulier. Mon père l'avait pris dans le salon des Mendoza. On y voit ma mère et Luz, qui lui tient la main. Elles sont assises sur un fauteuil en skaï rouge. Et moi, bébé, je suis sur les genoux de Luz, qui joue la parfaite grand-mère, s'extasiant devant mes gazouillis. Plus tard, quand j'ai découvert sa véritable identité, cela m'a fait un choc de revoir cette photo.

Luz et son mari possédaient plusieurs pied-à-terre à Lima. En menant mon enquête, j'apprendrai que, de leur vrai métier, ils étaient courtiers dans l'immobilier !

L'appartement que mes parents leur louaient se trouvait également dans le quartier San Isidro. Mais pour 900 dollars le mois, le confort de ce petit trois pièces était plutôt sommaire. Il n'y avait même pas de lit pour enfants. Et mes parents devaient cohabiter avec un autre couple d'adoptants français et leur bébé. Pendant un mois, ils ne sont quasiment jamais sortis. Pas question de s'aventurer avec un nouveau-né dans cette jungle de 9 millions d'habitants gangrenée par la délinquance. Ils passaient leur temps à me pouponner. De France, ils avaient rapporté une valise entière remplie de médicaments, de couches, de produits de toilette, de lait en poudre, de biberons, de vêtements pour bébé... Les vêtements étaient bien sûr beaucoup trop grands pour moi. Inquiétés par mon faible poids, mes parents m'ont emmenée voir un médecin. Il en a profité pour soigner un important érythème fessier, résultat de mon passage dans la « crèche » des Mendoza. Bien plus tard, j'apprendrai qu'un bébé y était mort, de sous-alimentation, a-t-on dit. Mes parents avaient quand même de la chance, j'étais un petit bébé très sage qui faisait toutes ses nuits et qui ne pleurait jamais. Il fallait, paraît-il, me réveiller pour me donner le biberon. Faute de berceau, je dormais sur un fauteuil, à côté du lit de mes parents. Ce qui leur a valu une grosse frayeur, lorsqu'une secousse sismique, comme il y en a souvent au Pérou, a failli faire tomber mon couffin.

Dans le même appartement, il y avait aussi Julia, une petite fille de cinq mois, qui, plus tard, deviendra une de mes meilleures amies. Comme moi, elle venait d'être adoptée par un couple de Français, également pris en charge par l'institution San Benito de Palermo. Entre mes parents et ceux de Julia, ça a tout de suite collé. Pendant quinze jours, les deux couples se sont entraidés. À tel point que ma mère a vécu comme un drame le départ des parents de Julia. En leur disant au revoir à l'aéroport, elle a craqué. Elle ne voulait plus retourner dans cet appartement loué par les Mendoza. La perspective de s'y retrouver seule avec son mari réveillait en elle une peur sourde, indéfinissable. Comme si ce lieu dégageait de mauvaises ondes. Un pressentiment peut-être ? Témoin de la scène, une Française est venue leur parler. Après avoir fait connaissance, elle a proposé à mes parents de les accueillir dans sa maison. Elle s'appelait Gilberte, mais tout le monde la surnommait « *tía* Gi ». Cette femme d'une cinquantaine d'années enseignait le français à Lima. Elle vivait dans une grande et luxueuse maison de San Isidro, où il y avait même des domestiques.

Malgré sa gentillesse et son hospitalité, mes parents avaient hâte de rentrer en France. Une fois en poche mon jugement d'adoption, mon passeport et tous les documents indispensables pour me faire sortir du pays, ils ont aussitôt réservé un vol pour Paris. Calée dans mon petit couffin, j'étais, paraît-il, la mascotte de l'avion. Les passagers venaient me voir et félicitaient mes parents du beau bébé qu'ils ramenaient en France. À Roissy, grands-parents, oncles, tantes, cousins, nous attendaient tous de pied ferme. Enfin ils allaient voir cette petite « poupée » aux cheveux noirs tant désirée.

3. Des bébés « par avion »

J'avais trois ans. C'est en voyant le gros ventre de ma tante que j'ai commencé à poser des questions.

— Maman, moi aussi, j'étais comme ça dans ton ventre ?

Ma mère a essayé de m'expliquer les choses avec des mots d'enfant.

— Tu sais, il y a des bébés qui viennent au monde par le ventre de leur maman et d'autres qui arrivent par l'avion. Toi, tu es arrivée par l'avion.

L'explication de ma mère me convenait. J'ai l'impression d'avoir toujours su que j'avais été adoptée. Mes parents ont dû m'en parler dès mon plus jeune âge. En tout cas, ils ne m'ont jamais convoquée pour me l'annoncer solennellement. Dorénavant, on parlerait de l'adoption en terme d'avion. Vers dix ans, quand j'ai réalisé que l'accouchement était une épreuve douloureuse, je me souviens avoir dit à ma mère que je voulais un enfant « par avion ». Ça l'a fait sourire...

C'est à l'arrivée de mon petit frère Jeremy que j'ai pris pleinement conscience de l'explication de ma mère.

Elle ne m'avait pas menti. Ce jour-là, j'ai eu la preuve qu'il y avait bien des bébés qui arrivaient « par avion ». Jeremy avait trois mois quand il a quitté la Corée du Sud. Mes parents auraient préféré adopter un frère ou une sœur originaire du même pays que moi, mais Rayon de soleil leur avait dit que les frontières étaient fermées avec le Pérou.

C'était une nuit de juillet 1983. Il devait être 3 heures du matin, je dormais profondément sur la banquette arrière de la voiture de mes parents, garée devant l'aéroport de Roissy. Soudain, mon père m'a bousculée et m'a dit : « Réveille-toi, ton petit frère arrive ! » Mon père m'a portée, à moitié endormie, jusqu'au hall de l'aéroport. Il y avait des dames habillées en tailleur bleu marine, qui tenaient des bébés dans leurs bras. Elles regardaient un petit bracelet accroché au poignet des enfants et criaient un nom. Je ne comprenais pas ce qui se passait jusqu'à ce que l'une d'entre elles dise : « Cet enfant, c'est pour M. et Mme Giraud ! », et que je voie mes parents s'approcher, tout sourires.

Au début, ça a été dur. Je n'étais plus le centre du monde. Mon nouveau petit frère aux yeux bridés me volait la vedette. Tous les regards se portaient sur lui. Je l'avoue, j'étais jalouse. J'avais le sentiment qu'il me volait mes parents. Je me souviens d'une photo où je le regarde méchamment. Ma mère tenait Jeremy dans ses bras et moi, du haut de mes trois ans, je tendais les miens vers elle, l'air de dire : « Et moi, et moi ! ». Il a fallu apprendre à partager. Enfant, j'étais toujours dans les jupes de ma mère. J'avais beaucoup de mal à m'en séparer. À chaque fois que ma mère me déposait chez la nourrice, avant même que Jeremy ne rejoigne notre famille, je piquais une crise. Je pleurais, je hurlais, je tapais du pied devant la porte de la maison de cette pauvre femme. Et une fois entrée, je courais m'enfermer dans une chambre où je sanglotais jusqu'à ce que la nourrice vienne me chercher. Je finissais par me calmer. Ma mère disait, à l'époque, que j'étais un peu « sauvage ». En réalité, je n'avais qu'une peur : qu'elle m'abandonne. Aujourd'hui encore, alors que je sais que je n'ai jamais été abandonnée, j'ai toujours peur qu'un proche, un ami ou un petit ami, me quitte sans raison. Je ne supporte pas l'idée que l'on puisse me délaisser. C'est pour moi le summum de l'injustice. Cette angoisse de l'abandon, je l'ai retrouvée chez beaucoup d'enfants adoptés.

En septembre, après l'arrivée de mon frère, je suis entrée en maternelle. Alors qu'à la maison, j'étais plutôt extravertie voire un peu « fofolle », selon l'expression de ma mère, en classe, ce fut l'inverse. Je restais dans mon coin sans parler à personne. Mon institutrice disait que j'étais très timide et souvent dans la lune. J'observais le monde, les gens autour de moi... Mais ce monde me faisait un peu peur. Je l'observais de loin, je gardais mes distances. Je ne me sentais bien qu'à la maison, avec mes parents. Là, j'avais mes repères, j'étais en sécurité. C'est comme si, inconsciemment, je savais que l'on m'avait voulu du mal par le passé.

« C'est la tristesse du Pérou ! » Mon père employait souvent cette expression pour décrire la moue que j'arborais la plupart du temps. Je ne souriais pas beaucoup, c'est vrai. Je m'en suis rendu compte en voyant les photos de mon enfance. Je n'étais pas pour autant malheureuse. J'avais un certain détachement, j'étais là sans vraiment y être. À d'autres moments en revanche, je devenais très exubérante. Je me mettais à crier comme une folle et à rigoler très fort. Cela a marqué mes parents, ils m'en parlent encore aujourd'hui. Plus tard, en rencontrant d'autres Péruviens, j'ai remarqué qu'ils avaient le même rire que moi. Mon caractère était le fruit du mélange de deux cultures. J'avais à la fois ce côté très expressif des Latinos-Américains et cette réserve à la française. J'étais aussi très « commandeuse », comme disent les enfants. Et bien entendu, mon petit frère trinquait. Comme il était plus petit que moi, il n'avait pas d'autre choix que d'obéir à mes ordres. Je lui disais : « Fais ci, fais ça... Va me chercher ça ! » Malheureusement, mon emprise sur lui fut de courte durée. Il m'a rapidement dépassée d'une tête...

Quand j'ai eu sept ans, mes parents, qui n'avaient connu que la banlieue parisienne, ont décidé de se mettre au vert. Nous avons emménagé dans une petite ferme, tout en longueur, avec un grand jardin. Elle était située à Néron, en Eure-et-Loir. C'est là que j'ai vécu mes plus belles années. Je suis repassée devant mon ancienne maison il y a peu de temps. J'ai toujours aimé retourner sur les lieux de mon enfance. Avant de découvrir la vérité sur mon histoire, c'était déjà pour moi le moyen de me rassurer sur mon passé, sur ce que j'en connaissais, du moins. Ces souvenirs étaient des valeurs sûres qui venaient combler un vide angoissant comme un trou noir, celui de mes premiers jours.

Dans ce petit village de 500 habitants, mon frère et moi étions les seuls enfants d'origine étrangère. Mais les gens posaient un regard bienveillant sur nous. L'adoption était perçue comme un geste généreux. Ma mère, qui s'était arrêtée de travailler à l'arrivée de Jeremy pour se consacrer à notre éducation, était devenue assistante maternelle : elle gardait des enfants à la maison. Pour nous, cela signifiait que c'était tous les jours la fête. Parfois, nous étions une dizaine, on faisait des goûters géants dans le jardin, on se goinfrait de brioches au Nutella, et ensuite, on allait faire nos devoirs tous ensemble... C'était le paradis ! Dans notre fermette, il y avait des poules, des canards, des oies, des dindes, des moutons, des chats et un chien ! Maman s'occupait des animaux et vendait les œufs. Papa bricolait dans l'ancienne grange qu'il retapait. Le jardin s'offrait alors à nous comme un immense terrain de jeux. Équipés de sacs à dos, nous partions à l'aventure dans le petit bois. Le scénario était toujours le même. Je me faisais appeler Mathieu et mon frère Rémi. Nous étions deux petits garçons abandonnés par leurs parents en pleine forêt. Il fallait s'organiser pour survivre, se nourrir, construire un refuge pour la nuit... Je disais à mon frère :

— Oh, regarde, il y a des poules là-bas, on va en manger une ce soir !

Jeremy, alias Rémi, fabriquait alors un « piège à poules », avec un nœud coulant et du maïs en guise d'appât. Quand le gallinacé s'approchait, il tirait sur la corde. La plupart du temps, il s'agissait de proies virtuelles qu'il faisait tourner en l'air comme un cow-boy avec son lasso. Sauf cette fois, où la poule la plus bête du poulailler s'est laissé capturer. Un forfait que mes parents ont découvert beaucoup plus tard. Il va de soi que le pseudonyme de mon frère n'avait pas été choisi au hasard. Nos jeux d'aventuriers s'inspiraient de *Rémi sans famille*, notre dessin animé préféré. Nous connaissions par cœur la chanson du générique :

Je suis sans famille et je m'appelle Rémi,
Et je me balade avec tous mes amis,
Ma famille à moi, c'est celle que j'ai choisie
Car on a besoin d'affection dans la vie...

Le Rémi du dessin animé avait été abandonné puis vendu par ses parents adoptifs à un vieux saltimbanque, Vitalis, qui se produisait de ville en ville avec son chien savant Capi et son singe Joli-Cœur. L'obsession de Rémi, c'était de retrouver ses vrais parents. Je me rends compte aujourd'hui à quel point ce dessin animé a marqué mon inconscient. À travers l'histoire de Rémi, c'était la mienne que j'essayais de retrouver. Plusieurs années plus tard, comme lui, je m'essouffle à courir après mon passé. Encore un clin d'œil du hasard : le premier roman que j'ai lu racontait les mésaventures d'un petit garçon pauvre et abandonné par ses parents. Il était portugais, je crois.

Vers l'âge de six ans, mes parents m'avaient expliqué que j'avais une autre maman qui vivait dans un autre pays. En famille, nous regardions de temps à autre les diapositives qu'ils avaient prises à Lima. Je me voyais bébé, dans leur petit appartement. Puis je découvrais la ville et les rues de la capitale où jouaient des enfants sales, en haillons, la bouille toute noire. Ces photos étaient pour mes parents l'occasion de m'expliquer pourquoi ma mère m'avait, croyaient-ils, abandonnée.

— Ta maman était très jeune, elle était pauvre et seule. C'est pour ça qu'elle n'a pas pu te garder. Et comme nous, on ne pouvait pas avoir d'enfant, on est venu te chercher au Pérou pour t'élever et t'aimer comme notre fille.

Je savais qu'une autre femme m'avait mise au monde avant de monter dans l'avion, mais je ne réalisais pas encore que c'était ma vraie mère, une personne en chair et en os qui vivait sur la même planète que moi. Je me souviens d'un événement qui a particulièrement marqué mon enfance d'adoptée. J'avais sept ans. C'était un mercredi, pendant les grandes vacances. Ma mère était en train de repeindre les murs de la salle à manger de notre nouvelle maison. Et moi, j'étais censée passer l'après-midi au centre aéré, comme tous les mercredis. Mais ce jour-là, j'avais décidé que je n'irais pas. Je voulais regarder le « Club Dorothée » à la télé ! Ma mère n'a pas cédé à mon caprice et m'a ordonné d'aller au centre aéré. Je devais m'y rendre à pied, c'était à cinq minutes de la maison. En colère, je suis sortie en criant : « Je m'en fiche, je n'irai pas ! » Ayant entendu la porte claquer, ma mère a sans doute cru que j'étais finalement partie. Ce n'était pas mon genre de désobéir.

En fait, je suis allée derrière la maison, où était garée la 505 familiale kaki de mes parents et je me suis cachée à l'intérieur de la voiture, au pied de la banquette arrière. J'imaginais que ma mère allait tout de suite venir me chercher. Je voulais juste lui faire peur. Recroquevillée dans l'habitacle, je retenais mon souffle. Le temps me paraissait infiniment long. Qu'est-ce que ma mère pouvait bien faire ? Pourquoi elle ne venait pas me chercher ? Je me suis dit qu'elle allait finir par se rendre compte de ma disparition et qu'elle appellerait la police. Mais les minutes passaient et toujours rien. Bizarre, que ma mère ne s'inquiète pas. Je commençais à avoir la désagréable impression qu'elle se fichait éperdument de moi. On m'abandonnait une seconde fois. Je trouvais ça vraiment injuste. Et puis, je m'ennuyais, moi, dans cette voiture. En plus, à force de rester dans la même position, je commençais à avoir des crampes. Je pensais qu'il était au moins 17 heures, l'horaire auquel j'aurais dû revenir du centre aéré. En réalité, cela devait faire une demiheure, à tout casser, que j'étais dans ma cachette. J'ai donc fini par sortir de la voiture. Et je suis rentrée à la maison, très contrariée.

— Mais qu'est-ce que tu fais là ? Tu n'es pas au centre aéré ?!, cria ma mère, surprise de me voir revenir à cette heure-là.

— De toute façon, t'es pas ma vraie mère ! Alors, t'as rien à me dire !

Les mots sortirent tous seuls de ma bouche sans même que j'aie eu le temps de réfléchir. Je lui en voulais tellement de ne pas être venue me chercher que je n'avais rien trouvé d'autre pour me défendre. Je courus m'enfermer dans ma chambre. Je boudais en faisant semblant de jouer. De là, j'ai entendu ma mère pleurer. Je réalisais que j'avais dû lui dire quelque chose qui l'avait blessée. Mais j'étais encore en colère contre elle. Nous avons passé le reste de la journée à nous croiser dans la maison sans nous adresser la parole.

Ce soir-là, comme tous les autres soirs, j'ai eu droit au « rituel du bisou » de mes parents, avant de me coucher. Mais cette fois-ci, quand ma mère est venue me border, je l'ai trouvée bizarre. Au moment où elle m'a embrassée, j'ai senti sa joue humide. C'était la première fois que je la voyais pleurer. Du coup, je me suis mise à pleurer moi aussi. Je ne supportais pas de la savoir triste. Je me suis excusée d'avoir été méchante avec elle. Elle m'a dit que j'étais sa fille quoi qu'il arrive, et qu'il ne fallait pas dire de telles choses. Je lui ai promis de ne jamais recommencer. Je ne pensais pas ce que j'avais dit. Je n'avais qu'une seule mère, c'était elle. L'idée d'avoir une mère biologique était encore trop abstraite pour moi. J'avais l'impression que je venais de nulle part. Avant que mes parents m'adoptent, il y avait un grand vide. Dans ma tête d'enfant, ma vie avait commencé au moment où ma mère adoptive m'avait tenue dans ses bras, à Lima. Il faudra que j'attende l'âge de vingt-trois ans pour découvrir ce qui s'était réellement passé durant les premiers jours de mon existence.

4. La révélation de Cristina

Quelques jours après la terrible révélation de Fernando – « Tu n'as pas été abandonnée, tu as été volée » –, Manuel, son père, m'expliqua comment il avait réussi à retrouver ma mère. En tant qu'ancien policier, il avait eu accès à un fichier informatique qui recensait toutes les cartes d'identité du Pérou. En 2004, ce nouveau système venait d'être mis en place. Chaque citoyen devait s'enregistrer auprès des autorités afin d'établir une nouvelle carte. Ma mère biologique ne s'était pas encore mise en règle quand Manuel interrogea la base de données. Mais il avait repéré un certain Eduardo qui répondait au même nom de famille qu'elle.

Eduardo Cahuas Solis vivait dans un quartier mal famé de la banlieue de Lima. Le jour où Manuel s'y rendit, il tomba sur sa femme. Après avoir expliqué l'objet de sa visite, il lui laissa un numéro de téléphone pour qu'Eduardo le contacte. Seulement, il y eut un gros malentendu. La femme, très jalouse, comprit que son mari avait un enfant caché en France qui cherchait à le retrouver ! S'ensuivit une scène de ménage terrible. Le pauvre Eduardo finit par appeler Manuel pour tirer l'affaire au clair. Manuel s'expliqua. Puis Eduardo révéla qu'il avait bien une sœur qui s'appelait Cristina. Mais il ne la fréquentait plus depuis une vingtaine d'années. Il ne connaissait donc pas mon existence. Malgré tout, quand j'appris qu'on avait selon toute vraisemblance identifié un de mes oncles, je fus folle de joie. Manuel me demanda de lui faxer des documents afin de prouver à son interlocuteur que j'étais bien la fille de Cristina Cahuas Solis. J'envoyai quasiment tout mon dossier rouge, soit une trentaine de pages.

Pendant ce temps-là, au Pérou, Eduardo se précipita chez sa sœur. Malgré toutes ces années passées sans nouvelles l'un de l'autre, il devait la prévenir qu'une personne prétendant être sa fille la recherchait. Ma mère me racontera la scène quelques mois plus tard, quand j'irai la voir au Pérou. C'était en fin de soirée, vers 23 heures. Elle s'étonna de voir débarquer à une heure si tardive ce frère qu'elle n'avait pas vu depuis des années. L'espace d'un instant, elle crut qu'il était arrivé quelque chose à son mari qui traînait souvent dans le quartier d'Eduardo. Ce dernier la rassura.

— Pourquoi tu ne m'as jamais dit que tu avais une fille en France ?

— Et toi, comment le sais-tu ? !, lui rétorqua ma mère, stupéfaite.

Eduardo lui expliqua la visite de Manuel.

— Une jeune fille en France, qui s'appelle Céline, cherche à te retrouver. Il paraît que tu es sa mère !

Elle manqua s'évanouir. Elle qui avait passé vingt-trois ans de sa vie à prier pour que je réapparaisse, elle qui avait tout imaginé : la drogue, la prostitution et même ma mort. D'un seul coup, je ressuscitais. Eduardo ne comprit pas sa réaction. Ma mère reprit ses esprits et lui raconta cette incroyable histoire.

En 1980, elle était très amoureuse de Miguel, son mari. De leur union était née une petite fille qui s'appelait Gabriella. Elle avait trois ans à l'époque. Mais Miguel buvait beaucoup. Ma mère, qui avait vingt-trois ans, vivait à Callao, dans ce qu'on appelle un *pueblo joven*, autrement dit un bidonville. Elle venait de tomber enceinte de moi quand Miguel la quitta pour une autre femme. Du jour au lendemain, elle se retrouva sans mari et sans travail avec bientôt deux enfants à charge. À cette époque, ma mère habitait chez sa propre mère qui assumait financièrement la petite famille. Elle n'appréciait guère ce mari irresponsable et alcoolique. Et quand ma mère lui annonça qu'elle était à nouveau enceinte, ma grand-mère la mit tout bonnement à la porte.

— Je t'avais prévenue, lui dit-elle. Je veux bien m'occuper d'un enfant, mais pas de deux ! Maintenant, il va falloir te débrouiller toute seule !

Sa propre mère lui refusait l'hospitalité. Enceinte de trois mois, elle trouva refuge chez sa sœur, qui vivait dans une petite maison d'une seule pièce avec son mari et ses deux enfants, dans le même bidonville. Ma mère resterait là en attendant de trouver du travail. Sa priorité était de gagner de l'argent pour pouvoir m'élever. Elle qui vendait du jus d'orange dans la rue à l'aide d'une petite « marchande », n'avait même plus de quoi acheter ses oranges. Mais elle avait mis un point d'honneur à ne plus demander d'aide à sa famille. Dorénavant, elle se débrouillerait toute seule. Un jour, sa sœur entendit une publicité à la radio qui vantait les mérites d'une association nommée « San Benito de Palermo ». L'association se présentait comme une œuvre de charité pour les futures mères célibataires en détresse. La réclame précisait que San Benito de Palermo prenait en charge les frais d'accouchement et offrait des vivres à la mère pendant sa grossesse, ainsi que des vêtements pour le futur bébé. Ma tante en parla à ma mère. Cela ne pouvait pas mieux tomber. C'était comme un cadeau du ciel pour elle qui était très croyante. En plus, l'association portait le nom d'un saint catholique. Toutes ces promesses cachaient pourtant un terrible piège.

Dès le lendemain, avec moi dans son ventre, ma mère se rendit calle Miguel Daso, à San Isidro, l'adresse donnée par la radio. C'était à une heure de bus, dans un quartier chic de Lima. Cristina était impressionnée, elle n'avait pas l'habitude de ce genre d'endroit. Pour elle qui venait d'un *pueblo joven*, c'était un autre monde. À l'entrée de l'immeuble, un gardien lui indiqua les bureaux de San Benito de Palermo, au deuxième étage. Une grosse dame à lunettes lui ouvrit la porte. Elle la fit entrer dans un bel appartement. Ma mère ne vit qu'une pièce, celle qui faisait office de bureau. La grosse dame, d'une soixantaine d'années, s'appelait Luz Mendoza. Elle lui présenta ses filles, Dora et Rosa, deux femmes très élégantes d'une trentaine d'années, qui étaient assistantes sociales, disait-elle, et son mari, Teodosio, un homme aux cheveux gris, plutôt discret. Tous étaient très gentils, ma mère se sentait en confiance. Elle raconta son histoire à ceux qu'elle pensait être des âmes charitables :

— Mon mari est parti, ma mère m'a mise à la porte... J'ai déjà une fille et je dois trouver un travail pour élever mon futur bébé, mais je ne sais pas qui pourra s'occuper de lui..., dit-elle avant de fondre en larmes.

— Ne t'inquiète pas, on va t'aider, la rassura Luz. Notre institution dispose d'une garderie. On pourra garder ton bébé quand tu iras travailler.

Luz lui énuméra tout ce dont elle pourrait bénéficier par son intermédiaire : un suivi médical pendant sa grossesse, la prise en charge de l'accouchement, des vêtements et du lait pour le nouveau-né... En plus de ça, on lui paierait ses trajets en bus pour venir de Callao à Lima et on lui donnerait de quoi se nourrir jusqu'à l'accouchement.

Quelle aubaine ! Ma mère ne pouvait pas refuser une si généreuse proposition. Elle se sentait tout à coup moins seule. Un panier de vivres sous le bras, elle repartit vers son bidonville. Elle allait enfin pouvoir chercher du travail, l'esprit tranquille. Mais les offres d'emploi se faisaient rares dans son quartier. Par chance, sa sœur connaissait de « riches » particuliers, à Callao, qui cherchaient une femme pour laver leur linge. Elle ne trouva pas d'autre moyen pour gagner quelques *soles,* la monnaie locale. Elle lavait des kilos de linge par jour, à la main, bien sûr. Elle a fait ça toute sa vie. C'est sans doute pour cela qu'aujourd'hui, elle a les mains rongées par l'arthrose.

Luz lui avait dit de revenir une fois par mois jusqu'au terme de sa grossesse, afin de lui remettre des vivres et de vérifier que le futur bébé se portait bien. Ma mère appelait la famille Mendoza ses « anges gardiens ». Des anges envoyés par Dieu pour l'aider, pensait-elle... À l'époque, elle était un peu naïve et inconsciente. Au fond d'elle, elle n'espérait qu'une chose : que mon père revienne. En attendant, elle s'était raccrochée à cette famille bénie du ciel, les Mendoza, puisque sa propre famille lui avait tourné le dos. Régulièrement, elle rendait visite à ses bienfaiteurs, comme convenu. En revanche, le suivi médical était plutôt sommaire puisque personne chez les Mendoza n'était médecin ni même infirmier.

Le jour J arriva. Le 14 juillet 1980, au petit matin, les premières contractions apparurent. Ma mère s'empressa de rejoindre Lima en bus. Luz Mendoza l'attendait devant l'hôpital Loyza où elle devait accoucher. Hélas, ce jour-là, les médecins faisaient grève. Elles prirent toutes les deux un taxi pour tenter leur chance ailleurs. La fréquence des contractions augmentait. Le taxi était maintenant pris dans les embouteillages du centre de la capitale. Ma mère commençait à paniquer. Dans l'urgence, elles se rendirent à l'hôpital militaire de Lima, d'ordinaire réservé aux soldats gradés et à leurs familles. Vu les circonstances, on les accepta. Quelques instants plus tard, je vins au monde. Ma mère décida de m'appeler Doris, en hommage à Dora, la fille de Luz, qui l'avait tant aidée. J'étais un beau petit bébé aux cheveux noirs, mais pas bien gros. Je pesais à peine 2 kg à la naissance. J'apprendrai plus tard que ma mère m'avait même allaitée à la maternité. C'est sans doute pour cette raison que depuis toute petite, je fais semblant de téter dès que je bois. Le sein de ma maman a dû me manquer inconsciemment.

Après son accouchement, ma mère resta trois jours à la maternité, seule avec moi, dans une chambre individuelle. Il était prévu qu'elle me confie à la pouponnière des Mendoza dès sa sortie. Elle pourrait ainsi aller travailler. Une place m'avait été si généreusement offerte... Luz l'attendait devant la maternité avec un nouveau panier rempli de pâtes, de riz et de quelques légumes. Elles prirent toutes les deux un taxi jusqu'à Callao. Pendant le trajet, Luz tendit à ma mère une feuille de papier blanc. Elle lui demanda d'y apposer sa signature, en lui expliquant que cette procédure était obligatoire pour que je puisse profiter de la pouponnière. Ma mère signa en bas de la feuille blanche, en toute confiance. Elle hésita tout de même avant de me remettre dans les bras de Luz. Cette séparation était un peu prématurée. J'étais si petite. Elle avait les larmes aux yeux. Puis, elle se fit une raison : au moins, dans la garderie des Mendoza, je pourrais manger à ma faim, pensa-t-elle. Elle me récupérerait dès qu'elle aurait gagné un peu d'argent. Luz la rassura :

— Rentre chez toi te reposer, tu pourras venir la voir d'ici quelques jours.

Ma mère regarda le taxi s'éloigner, le cœur serré. Trois jours après, trop impatiente de me voir, elle se rendit au bureau des Mendoza. Ma mère n'avait pas l'adresse de la garderie. Il était convenu que Luz l'y conduirait. Seulement voilà, ce jour-là, Luz lui annonça que les enfants étaient soi-disant malades. Il était impossible de leur rendre visite :

— Il y a eu une épidémie dans la pouponnière. On doit garder les bébés en quarantaine pendant quelques jours. Reviens la semaine prochaine.

Ma mère était un peu inquiète à l'idée que je sois malade au bout de seulement trois jours de garderie. Mais elle tentait de se rassurer en se disant que les Mendoza allaient prendre soin de moi. La semaine suivante, elle revint. Luz lui dit que les enfants étaient encore fébriles et qu'elle ne pouvait pas m'approcher. Cette fois-ci, pour justifier son refus, Luz ajouta :

— Comme tu viens d'un bidonville, tu es porteuse de germes... Et ce n'est pas bon pour le bébé, il pourrait faire une rechute.

Afin d'éviter qu'elle ne se déplace pour rien, Luz lui conseilla d'appeler d'ici quelques jours. Et lui remit un panier de vivres. Ma mère commençait sérieusement à s'inquiéter pour ma santé. Elle trouvait étrange l'excuse que lui avait donnée Luz. Elle appelait tous les jours pour avoir des nouvelles. Et tous les jours, elle avait droit au même refrain :

— Ne viens pas tout de suite. D'ici quelques jours, ça ira mieux.

Ma mère était rongée par l'angoisse. Toutefois, elle ne se confiait à personne, pas même à sa sœur qui l'hébergeait. Elle voulait prouver à sa famille qu'elle pouvait se débrouiller toute seule. Question de fierté. N'y tenant plus, elle enfreignit les consignes de Luz et retourna au bureau des Mendoza. Une nouvelle fois, on lui dit de patienter. Et afin d'endormir sa méfiance, on lui remit un autre panier de vivres. Après cette troisième visite à l'improviste, Luz et son mari se montrèrent carrément agressifs au téléphone avec ma mère. Elle ne comprenait pas leur changement soudain d'attitude et commençait à avoir peur. Ma mère ne pouvait plus garder ce secret pour elle. Paniquée, elle alla frapper à la porte de ma grand-mère. Cette dernière, qui s'était un peu radoucie, la mit en garde.

— Méfie-toi, ces gens-là peuvent te trahir !

Ma mère ne pouvait pas y croire, comment aurait-elle pu être trahie par ses « anges gardiens » ? Malgré les menaces, elle se rendit une dernière fois à l'appartement des Mendoza, la peur au ventre. Quand elle arriva, il était trop tard. Le concierge de l'immeuble l'avertit que la famille Mendoza avait déménagé la veille. Avaient-ils laissé une adresse ? « Non », lui répondit le concierge. Savait-il, lui, où se trouvait la garderie de San Benito ? Non plus. Soudain, elle réalisa qu'elle s'était fait escroquer. Qu'avait-on fait de moi ? Où pouvait bien être cette garderie ? Lima était une ville immense. Ma mère s'en voulait de ne pas savoir où me chercher. Pourtant, à ce moment précis, je n'étais pas très loin. Seulement à quelques pâtés de maison de l'endroit où elle se trouvait, dans le même quartier, à San Isidro. J'avais tout juste deux semaines et j'étais dans les bras d'un couple de Français qui ignorait tout de ce stratagème.

Ma grand-mère qui devait culpabiliser d'avoir laissé sa fille se mettre dans une telle situation, lui recommanda de porter plainte. Elle se rendit alors au commissariat central de Lima. Les policiers n'avaient pas l'air de la prendre au sérieux. Ils lui promirent tout de même de la recontacter. Ma mère attendra deux ans avant d'être convoquée par les enquêteurs ! Après ce tragique épisode, elle retourna vivre chez ma grand-mère, qui essayait tant bien que mal de se rattraper. Ma mère se sentait trahie par les Mendoza et se maudissait d'avoir été aussi naïve. Elle ne sortait quasiment plus, et pleurait sans arrêt. Elle croyait que j'étais aux mains d'une mafia. Peut-être allais-je servir à faire passer de la drogue que des trafiquants cacheraient dans mon couffin ? Elle imaginait les pires scénarios. Pour exorciser ses peurs, ma mère priait toutes les nuits, implorant Dieu de me ramener à elle. Puis, quelques mois après, Miguel, mon père, revint. Et ma mère se consola dans ses bras, avant de donner naissance à deux autres enfants. À cette époque, seules ma grand-mère, ma tante et mon père étaient au courant de ce qui s'était passé.

Voilà pourquoi Eduardo ignorait tout de cette histoire. Vingt-trois ans après, il écouta attentivement ma mère qui lui livra, entre deux sanglots, les détails de son infortune. Elle n'osait pas croire que c'était vraiment moi, sa fille Doris, qui la recherchait à l'autre bout du monde. Elle avait tant espéré me retrouver pendant toutes ces années qu'elle craignait d'être une nouvelle fois déçue. Aujourd'hui, elle n'était plus la jeune femme candide d'autrefois. Elle avait quarante-six ans, tous ses rêves s'étaient envolés. Eduardo lui dit qu'il allait se rendre chez ce dénommé Manuel pour s'assurer que Doris et Céline étaient bien la même personne.

Quelques jours après, le père de Fernando montra à Eduardo les papiers que je lui avais faxés. Tout collait, les dates, les noms, les lieux... Afin d'en être définitivement sûr, Manuel lui tendit une photo prise chez les sœurs de Fernando. Dessus, il n'y avait que des Péruviens. Le jeu consistait à me retrouver. Eduardo ne m'avait jamais vue mais la ressemblance avec ma grande sœur Gabriella était si frappante qu'il me repéra tout de suite. Maintenant, Manuel et Eduardo en étaient convaincus, Doris et Céline ne formaient qu'une seule et même personne. Ce samedi, au Pérou, on célébrait le baptême des trois enfants de Gabriella, quand Eduardo vint annoncer la nouvelle à ma mère. Au lieu de lui révéler d'emblée la vérité, il crut bon de lui faire une farce. Il prit un air triste et dit à ma mère :

— Je suis désolée mais ce n'est pas Doris.

Ma mère en eut les larmes aux yeux.

— De toute façon, c'était trop beau pour être vrai..., soupira-t-elle.

Eduardo la prit dans ses bras et lui murmura à l'oreille :

— Tu peux être fière de ta fille. Oui, c'est bien Doris, ta fille !

Ma mère éclata de joie. Et la fête reprit de plus belle. Pour elle, cette heureuse nouvelle mit un terme à vingt-trois ans de cauchemar. Il ne nous restait plus qu'à nous rencontrer. Mais avant cela, j'avais besoin de faire le point sur toutes ces années passées loin d'elle. Je me replongeai dans mon enfance à la recherche du moindre indice qui pouvait me conduire jusqu'à elle.

5. Leurs regards

De leur voyage au Pérou en 1980 quand ils étaient venus me chercher, mes parents adoptifs avaient rapporté de nombreux souvenirs : un coussin sur lequel était brodé un symbole inca, un tableau représentant une femme qui portait un bébé dans le dos, un 45-tours de musique sud-américaine... Et puis ce livre, *Pérou, pays des Incas*, qu'ils laissaient toujours traîner sur la table du salon. Sur la couverture, on voyait une femme, le visage buriné et le regard triste sous son chapeau noir. À l'intérieur, il y avait des photos de Péruviennes en tenue traditionnelle. Fascinée par les couleurs des vêtements, rose fuchsia, vert, jaune..., je tournais les pages comme si c'était un grand livre d'images. Je me souviens d'une photo du Machu Picchu et aussi d'un condor en plein vol. Pourtant, j'avais du mal à réaliser que je venais de ce pays. Il me paraissait si loin de la France, si différent de chez nous. C'était un pays imaginaire, un pays qui n'existe que dans les contes.

Pendant toute mon enfance, je suis restée marquée par ces paysannes qui bêchaient la terre avec leur bébé dans le dos, emmailloté dans des tissus multicolores. J'imaginais alors qu'une de ces femmes était ma mère. Elle s'éloignait dans la montagne avec moi sur son dos, inconsolable depuis le départ de son *marine*. Parfois, je modifiais le scénario et je devenais la fille d'un roi du Machu Picchu ! Je me plaisais à imaginer cette vie de princesse que j'aurais pu avoir. À la maison, mon père écoutait en boucle le 45-tours qu'il avait rapporté. La pochette était illustrée par le fameux train qui parcourt la cordillère des Andes. L'interprète s'appelait Rodolfo. Une de ses chansons fut d'ailleurs un tube dans les années 80, en devenant le générique de la pub Nescafé.

— Écoute, c'est la musique de ton pays !, me répétait mon père.

Mais moi, je détestais ! Je me bouchais les oreilles dès les premières notes. Plus tard, je découvrirais que cette musique n'était d'ailleurs pas péruvienne mais colombienne ! Mes parents ont tout fait pour m'initier à la culture péruvienne, sans grand succès. Mon pays, c'était la France ! Je n'en avais pas d'autre. Je ne voyais pas comment j'aurais pu être à deux endroits en même temps. À chaque fois qu'un documentaire sur le Pérou était diffusé à la télévision, je ne pouvais pas y échapper. Assise sur le canapé, entourée de mes parents, je regardais d'un œil distrait, histoire de ne pas les contrarier. Quand dans la rue, nous apercevions des musiciens péruviens, à chaque fois, j'avais droit à une remarque de mon père, du style :

— Regarde, ce sont des gens de ton pays !

Souvent, mes parents leur achetaient des cassettes de musique comme cette fois, sur un marché en Bretagne.

J'avais une dizaine d'années, nous nous étions arrêtés devant un groupe de musiciens habillés en poncho, qui jouait de la flûte de pan. Poussée par mon père, j'ai dû me présenter. « Bonjour, je suis péruvienne... ». Je n'avais pas grand-chose à leur dire. On n'avait rien en commun. Ils m'ont dédicacé une de leur cassette, puis nous sommes partis. Je ne comprenais pas pourquoi mes parents cherchaient à tout prix à me faire aimer le Pérou. Leur intention était bonne, mais je ressentais cela comme une tentative d'abandon. J'avais l'impression qu'ils essayaient de couper les amarres avec moi en me poussant vers un monde qui n'était pas le leur. Leur insistance me renvoyait à mes origines et donc à ma différence. Alors que moi, depuis toute petite, je n'avais qu'une envie : leur ressembler. J'aurais tant rêvé être leur fille naturelle. Je faisais tout pour être comme eux, pour effacer cet écart. Mon petit frère aussi. Je me souviens du jour où il a dit à ma mère : « Maman, quand est-ce que j'aurai les yeux ronds comme toi ? » Les adoptés ont souvent peur de décevoir leurs parents. Je ne voulais pas les faire souffrir en cherchant à connaître mes racines.

Devant eux, je refusais obstinément de m'intéresser au Pérou. Pourtant, au fond de moi, j'étais de plus en plus intriguée. En cachette, dans ma chambre, je m'attardais souvent sur les images de mon fameux livre. Je commençais à réaliser que le pays des Incas existait pour de vrai. J'imaginais les Péruviens que j'avais croisés dans la rue évoluer dans le décor de mon livre. J'allais aussi fouiner dans mon dossier rouge, qui était toujours à ma disposition, dans le secrétaire de ma mère. Plus tard, je regarderai même le dossier d'adoption de Jeremy.

Dedans, il y avait ses papiers de Corée, écrits en anglais. Je m'amusais à les traduire. Lui, ça ne l'intéressait pas.

À cette époque, je savais déjà que mon passé était quelque chose de très intime, qui n'appartenait qu'à moi. Je ne voulais pas le partager avec mes parents. C'est dans mon dossier rouge que j'ai retrouvé le prénom de Doris. Il ne m'était pas inconnu. Mon père m'avait déjà dit que ma mère péruvienne m'avait prénommée ainsi à la naissance. Je ne trouvais pas ça très joli. C'était un peu lourd à porter pour une petite fille. Cela ne m'a pas empêchée d'appeler une de mes poupées Doris. Une poupée en chiffon, toute bleue. Elle n'était pas très belle, mais je l'aimais bien.

Seule dans ma chambre, j'adorais jouer à la maîtresse. Je disposais toutes mes poupées en rang, face à moi. Elles étaient mes élèves. Je leur faisais des interrogations écrites et tenais à jour leurs petits carnets de notes, que j'avais confectionnés avec d'anciens cahiers. Je leur mettais des appréciations. Doris faisait partie des meilleures élèves. Elle me ressemblait. Je l'imaginais comme une petite fille gentille et sage. À l'époque, Doris était une autre. Ce n'était pas vraiment moi. Je savais que j'étais Céline, la petite Française, mais en moi, sommeillait une autre petite fille : Doris, la Péruvienne. J'ai grandi avec cette dualité. J'ignorais encore que ma mère biologique m'avait baptisée ainsi en hommage à la fille des Mendoza. De leur côté, mes parents français, qui naturellement ne savaient rien de cette histoire, avaient eux-mêmes fait référence aux Mendoza en appelant notre chien, une femelle caniche, Dora ! Je jouais d'ailleurs avec cette chienne comme si c'était mon propre enfant. Je l'éduquais, la dressais, lui faisais faire de la gym...

À l'école, j'ai commencé à prendre conscience de ma différence. Moi, je ne me sentais pas différente, mais le regard des autres enfants me renvoyait constamment à mon adoption. Comme si sur mon front, il était écrit : « ADOPTÉE ». Ma couleur de peau et mon faciès indien aiguisaient la curiosité de mes petits camarades. Dans la cour de récréation, les questions fusaient : « Pourquoi tu n'es pas de la même couleur que tes parents ? Tu viens d'où ? ». Ce n'était pas un secret, je n'avais aucune gêne à en parler puisque mes parents m'avaient élevée dans la plus grande transparence. Je leur répondais facilement. Mais, une question en amenait toujours une autre. « Et tu as été adoptée à quel âge ? Et pourquoi tes parents ne pouvaient pas avoir d'enfants ? Tu as des frères et sœurs adoptés ?... » Parfois, j'en avais marre de devoir me justifier. Surtout que le même cirque recommençait à chaque rentrée des classes, puisque nous déménagions quasiment tous les ans, au gré des envies et des obligations de mes parents.

Mon petit frère, lui, avait souvent droit à des réflexions désobligeantes sur ses yeux bridés. On l'appelait « le chinetoque ». Je ne supportais pas d'entendre ça, alors je luttais contre ma timidité pour aller le défendre devant ses petits copains. Même si j'avais plus de facilités que Jeremy à parler de l'adoption, je ne me sentais pas tout à fait comme les autres. Quand nous sortions en famille, mes parents blancs, moi le teint mat, et mon frère aux yeux bridés, on ne passait pas inaperçus. Le regard des passants était comme un miroir dérangeant qui me rappelait que je n'étais pas la fille de mes parents. L'intimité de la famille s'y étalait au grand jour. Impossible de la cacher.

Parfois, j'avais envie d'être invisible, de ne plus être l'erreur que les autres pointent dans le tableau. C'est peut-être pour cette raison que je suis restée effacée pendant toute ma scolarité, d'autant plus que j'ai toujours été la seule adoptée de la classe. Pour vaincre ma timidité, mes parents m'avaient inscrite à un cours de théâtre à l'âge de huit ans. Cette expérience fut une révélation. Sur scène, je n'avais plus peur de parler. J'adorais me créer des personnages. Si le théâtre eut un effet cathartique sur le coup, il faudra malgré tout attendre la faculté pour que je me débloque complètement.

Je restais toujours dans mon coin, sage et discrète. Je ne faisais pas de vagues. J'étais la bonne élève appliquée. Je voulais même devenir institutrice. À l'école communale de mon village, j'étais en admiration devant ma maîtresse, Mme Vassalière. Elle avait de grands yeux rieurs et un côté maternel rassurant. Je m'imaginais plus tard, « maîtresse » comme elle, dans le même village, avec mon mari et une ribambelle d'enfants. Ce rêve de petite fille, j'ai voulu le réaliser en entrant bien plus tard à l'Institut universitaire de formation des maîtres (IUFM). À l'âge de dix-neuf ans, c'est l'école de mon enfance que je choisirai pour effectuer mon stage sous la tutelle de mon ancienne institutrice.

Depuis toute petite, j'adorais apprendre. En classe, j'obéissais sans broncher. Les appréciations de mes professeurs étaient toujours les mêmes : « Élève studieuse.

Dommage qu'elle ne participe pas ! ». Je connaissais pourtant les réponses par cœur, mais je n'osais pas les prononcer en public. J'avais tellement envie d'être comme tout le monde que j'essayais de ne pas me faire remarquer. Je m'enfermais dans un monde imaginaire. À mon pupitre, alors que l'institutrice faisait classe, je jouais à la fois le rôle de la maîtresse et de l'élève. Je me donnais des devoirs à faire, je m'attribuais des bons points...

À cette époque, je n'avais pas beaucoup d'amis, surtout qu'il fallait s'en refaire de nouveaux à chaque déménagement. En général, j'avais une ou deux bonnes copines. Je me souviens de Lorelei, une adorable petite blonde aux yeux bleus. À vrai dire, j'étais un peu jalouse d'elle. Tous les garçons lui tournaient autour. Je me sentais insignifiante à ses côtés. Je m'effaçais derrière elle, lui laissant le premier rôle. Je n'osais pas affirmer mon caractère, de peur de montrer ma différence. Lorelei et moi sommes vite devenues inséparables. Pourtant elle avait un gros défaut : je devais lui obéir au doigt et à l'œil. Je me rappelle un après-midi où nous jouions à la poupée chez elle. Je devais avoir neuf ans. On se chamaillait souvent pour avoir la même poupée, un baigneur blond aux yeux bleus, notre préféré à toutes les deux. Ce jour-là, pour une fois, j'ai eu le dernier mot. Cela n'a pas du tout plu à Lorelei. Vexée, elle a lâché cette phrase qui résonne encore dans ma tête aujourd'hui :

— Je comprends pourquoi ta mère t'a abandonnée !

J'ai rétorqué :

— Et moi, je comprends pourquoi ton père ne t'aime pas, t'es méchante !

Elle m'avait confié cette impression peu de temps avant. Il fallait bien que je me défende. Malgré cela, je me sentais profondément blessée, comme touchée en plein cœur. C'était la première fois que quelqu'un s'attaquait de front à mes origines. Par cette phrase, Lorelei me rendait responsable de mon abandon. Je suis rentrée à la maison en pleurs. Ma mère a essayé de me consoler, sans chercher à cacher quoi que ce soit.

— Ce n'est pas ta faute, ma chérie... Si ta mère t'a abandonnée, c'est qu'elle n'avait pas les moyens de te garder. Elle a voulu une autre vie pour toi. Ce qu'elle a fait est un geste d'amour.

Je repensais aux diapositives que mes parents m'avaient montrées, aux enfants dans les rues de Lima, tout sales, en haillons. Après, je regardais ma petite chambre d'enfant rose et blanche, entièrement aménagée par mon père, avec toutes mes poupées, mes peluches... Je me disais que j'avais quand même de la chance d'être là. Que j'aurais dû être dans la rue, comme ces enfants sur les photos, à mendier pour manger un bout de pain. Je me sentais reconnaissante vis-à-vis de mes parents. Un soir, vers l'âge de dix ans, je dis à mon père :

— Plus tard, quand je serai grande, j'aiderai les gens du Pérou.

Mes parents m'avaient toujours enseigné qu'il fallait aider son prochain. Mon père a trouvé mon intention très généreuse. Il s'est tout de même permis une objection :

— Tu sais, le Pérou, c'est un grand pays. Tu ne pourras pas aider tout le monde.

Je lui répondis, sûre de moi :

— Eh bien, je piocherai au hasard dans l'annuaire le nom d'une famille péruvienne, et je lui donnerai mes vêtements, mes jouets et mes poupées !

Papa sourit. Plus tard, le destin fera que je n'aurai pas besoin de piocher une famille péruvienne dans l'annuaire. Elle s'imposera à moi quand le passé me rattrapera. C'est ma famille que j'aiderai.

6. Les « années collège »

Je réalise aujourd'hui que mon enfance puis mon adolescence furent une sorte de parcours initiatique. Un chemin tortueux qui me menait inéluctablement vers mes origines et les mystères de mon adoption.

Ado, j'étais toujours une petite fille modèle : obéissante à la maison, studieuse en classe. Avec mon frère, mes parents ont eu davantage de fil à retordre. Jeremy vivait mal son statut d'enfant adopté. Non seulement il ne travaillait pas à l'école, mais en plus, il jouait les petits rebelles. Je me souviens de la première fois où mes parents ont été convoqués chez le directeur de l'école, il n'avait que huit ans ! Il avait ni plus ni moins racketté un autre élève de sa classe de CE2. À dix ans, il a commencé à fumer des cigarettes puis des joints un an plus tard, à treize ans, il s'est mis à boire... À la maison, il volait des morceaux de poulet ou des biscuits, que ma mère retrouvait dans son cartable, sous son lit ou dans son armoire. C'est un rituel qui se retrouve chez beaucoup d'adoptés. Ils comblent ainsi un manque affectif ressenti pendant leur petite enfance. Moi-même, j'ai encore un tic récurrent. Quand je bois, on l'a vu, je mime le bébé qui tète.

Jeremy était hyperactif, impulsif. Il se battait souvent dans la cour de récréation. Et parfois, à la maison, nous en arrivions presque aux mains, alors qu'il faisait déjà deux têtes de plus que moi. Mes parents ne prenaient pas nos disputes au sérieux, ils disaient que c'était des « chamailleries d'enfants ». En attendant, on ne s'adressait plus la parole.

Mes parents ne savaient plus quoi faire pour calmer les choses. Il était agressif, mentait effrontément, claquait sans arrêt les portes de la maison. Jusqu'à sa majorité, il a été rebelle. Il écoutait du rap à tue-tête dans sa chambre, des chansons de NTM qui hurlaient « Nique ta mère » et « Nique la police ». Il cultivait un look « racaille » : crâne rasé, casquette à l'envers et Nike aux pieds. Devant leurs amis, mes parents ne pouvaient s'empêcher de nous comparer tous les deux. Je me souviens avoir souvent entendu ce genre de remarques : « Avec Céline, on n'a aucun problème, mais avec Jeremy, qu'est-ce qu'on en bave ! » Ma mère ne comprenait pas, elle nous avait pourtant donné la même éducation. J'étais la petite fille modèle et lui le vilain garnement ingérable. Cette éternelle comparaison n'a pas arrangé les choses. Jeremy devait penser que j'étais la « chouchoute » des parents. Vers l'âge de dix ans, il a commencé à développer envers moi une sorte de jalousie, à la limite de la haine. Voyant mes parents totalement désemparés, je ne me permettais pas de leur désobéir ni même de leur répondre. C'est sans doute pour cette raison que je n'ai pas fait de véritable crise d'adolescence. Je ne m'y autorisais pas. Je devais être adulte avant l'âge, et éviter d'embêter mes parents avec mes problèmes d'ado. Ma plus grande hantise était de les décevoir.

L'entrée au collège fut pourtant un cap difficile. J'avais onze ans. Je venais d'être téléportée de la campagne à la ville. En emménageant à Dreux avec mes parents, j'avais laissé derrière moi ma petite ferme avec mes poules et mes moutons pour une ville qui me paraissait immense. J'avais aussi quitté mon institutrice, Mme Vassalière, et ma copine Lorelei pour me retrouver seule, complètement perdue dans un collège de 1 500 élèves. Ce n'était pourtant pas la première fois que je déménageais. D'habitude, j'y trouvais une certaine excitation. Ce qui me plaisait le plus, c'est qu'à chaque fois, j'avais une nouvelle chambre à décorer. Mais cette rentrée était vraiment particulière. Il y avait ce collège où je ne connaissais personne, et à la maison, l'ambiance n'était pas au beau fixe. Mes parents avaient de gros problèmes d'argent. Ils étaient partis pendant deux mois au Chili pour adopter un troisième enfant. Toutes leurs économies y étaient passées. Malheureusement, ils étaient revenus de leur voyage sans enfant. Ma mère sombra alors dans une dépression. Mon père a dû abandonner la menuiserie pour installer des lignes chez France Telecom, avant que ma mère ne reprenne un travail à plein temps, dans une association de gérance de tutelle. En attendant de trouver mieux, nous avions emménagé dans la maison d'une de mes tantes que papa s'était engagé à retaper. Je ne me sentais pas chez moi.

Alors que Jeremy faisait le caïd dans la cour de récré, moi au collège, je jouais les passe-muraille, comme d'habitude. J'étais la bonne élève qui ne se fait jamais remarquer jusqu'au jour où j'ai giflé « Mlle Audrey ». C'était en 4e. Je venais d'intégrer un nouveau collège à Marly-la-Ville. Avec trois autres élèves de la classe, je faisais partie de la cour de « Mlle Audrey ». Cette fille se prenait pour une petite princesse. À la cantine il fallait toujours lui rapporter son plateau, dans la cour lui porter son cartable... « Mlle Audrey » avait plutôt sale caractère et avec mes copines, tout aussi timides que moi, nous n'osions rien lui refuser. Les filles du collège la craignaient et les garçons l'adulaient. Elle n'était pas particulièrement belle, mais elle possédait un atout imparable aux yeux des garçons : à treize ans, Audrey couchait déjà. Elle avait donc de nombreux soupirants qui lui tournaient autour et sortait avec le caïd du collège. Moi, personne ne me regardait. Je n'étais pas particulièrement jolie, je ne m'habillais pas à la mode. Et puis, j'étais complexée par ma taille. J'étais toujours la plus petite de la classe. À défaut d'être la fille qu'on remarquait, j'avais toujours le second rôle. J'étais la bonne copine de celles qui plaisaient aux garçons.

Ce jour-là, j'avais promis à mes amies que la prochaine fois qu'Audrey me demanderait de lui rendre un service, je lui mettrais une claque. Personne ne m'en croyait capable. J'avais la réputation d'être une élève sérieuse et réservée. À la récréation de midi, Audrey m'a demandé d'aller lui chercher son cartable. Je lui ai dit « non », avant de repartir, l'air de rien, discuter avec mes copines. Elle est restée sans voix face à cet affront. Ma soudaine assurance me surprenait moi-même. Quelques instants plus tard, je l'ai aperçue à l'autre bout de la cour.

Je me suis souvenue de ma promesse. Et me suis dit intérieurement : « Céline, il faut que tu tiennes ta parole, vas-y ! » J'avais peur mais il fallait que je le fasse. J'ai pris mon courage à deux mains et j'ai traversé la cour, comme une guerrière, bien décidée à aller jusqu'au bout, cette fois. Audrey était entourée de ses prétendants quand je suis arrivée derrière elle. Je l'ai appelée, elle s'est retournée, et là, je lui ai collé une énorme gifle. Elle m'a regardée, stupéfaite, la main posée sur sa joue, qui commençait à rougir. Je suis repartie, tête haute, vers l'autre bout de la cour. Je n'étais déjà plus la même. Sur mon passage, j'entendais des applaudissements. Des élèves, y compris des garçons, criaient : « Bravo, Céline ! » En fait, j'avais fait ce que personne n'osait. J'ai été convoquée avec Audrey dans le bureau du directeur. C'était une première pour moi. Évidemment, j'ai eu droit à un avertissement. Mes parents se demandaient ce qui avait bien pu me passer par la tête, ça ne me ressemblait tellement pas. Mais grâce à cet acte « héroïque », je me suis sentie plus forte. J'ai commencé à avoir d'autres amis, un peu plus rebelles que les précédents.

En 4e, j'étais toujours bonne élève, sauf en espagnol. Tout ça à cause de Mme Auclair. Les cheveux gris frisés, fardée à souhait avec de gros bijoux de pacotille, c'était la prof la plus redoutée du collège. Je la trouvais voyante. Croyant bien faire, ma mère lui avait dit comme une fierté que j'étais péruvienne. Quelle erreur ! Mme Auclair chez qui j'étais arrivée en cours d'année après un énième déménagement, avait reposé tous ses espoirs sur moi. Dès le premier jour, elle me fit lire un texte à haute voix devant toute la classe, pensant que je parlais couramment l'espagnol. Je n'arrivais pas à rouler les *r*. Ça l'a mise hors d'elle. Elle m'a fait répéter dix fois le même mot : *correr*, qui signifie « courir ». Rien à faire, je n'y parvenais pas.

— Mais ce n'est pas possible de ne pas réussir à rouler les *r* ! En plus, toi qui es sud-américaine, ça devrait être naturel pour toi !

Elle ponctuait chaque phrase en tapant du poing sur la table. J'étais terrorisée. En plus, je ne voyais pas le rapport entre le fait d'être sud-américaine et de ne pas savoir rouler les *r*. Moi, j'avais grandi en France, pas en Amérique latine ! On me renvoyait une fois de plus à mes origines, alors que je me sentais entièrement française. Je n'avais jamais parlé l'espagnol à la maison bien que le père de ma mère adoptive fût originaire de Castille. Cela faisait à peine trois mois que je découvrais cette langue en classe. Au début, ça me plaisait. J'avais hâte d'apprendre. Mais Mme Auclair a tout gâché. Avec elle, c'est devenu un enfer. Après cet épisode, mes notes en espagnol ont dégringolé. Une fois, elle m'a même mis un « zéro » pointé. Résultat : j'ai détesté l'espagnol jusqu'au bac. Et aujourd'hui encore, alors que je suis bilingue, je n'arrive pas à rouler les *r* !

J'en avais par-dessus la tête que l'on me rappelle sans cesse d'où je venais. En 3e, je me suis retrouvée dans une classe de cancres. J'étais la première de la classe, ce qui n'était pas très compliqué vu le niveau. Je passais inévitablement pour « l'intello de service » aux yeux des meneurs qui avaient tous redoublé deux ou trois fois. Ils me détestaient et je devais essuyer des réflexions de plus en plus humiliantes. On m'appelait : « la bouffonne », mais surtout « la Noire » – je n'étais pourtant pas si mate – ou encore « la pute péruvienne » – là, je ne comprenais pas, je n'avais même pas de petit copain, à l'époque ! Je trouvais ça vraiment injuste. Moi qui n'avais qu'une envie, c'était d'être comme eux et de faire partie de leur groupe. J'ai dû encaisser ces insultes durant toute cette année de 3e. Ces idiots s'attaquaient à tout ce qui pouvait me blesser : ma taille, ma couleur de peau, mes origines... Parfois, j'avais le sentiment d'être incomprise. Je me sentais seule, personne ne pouvait comprendre ce que cela signifiait d'être adoptée. À part mon frère, avec qui la communication était impossible. À l'inverse, je ne supportais pas les personnes qui s'apitoyaient sur mon sort et qui faisaient preuve de fausse compassion. Certains, à qui je révélais mon adoption, prenaient un air triste et me répondaient : « Ah ! Je suis désolé... », comme si j'avais une maladie incurable !

Cette année-là, je me suis fait une copine, une seule. Elle s'appelait Mouna. C'était une Marocaine, un peu forte et « grande gueule ». Elle s'était prise d'affection pour moi, je ne sais pour quelle raison, et me défendait devant les autres. J'avais de la chance, même les mecs la craignaient, elle n'avait pas peur de se battre. Son meilleur ami s'appelait Paulo. C'était un adorable Portugais aux yeux bleus, comme le héros de mon premier roman ! J'étais secrètement tombée amoureuse de lui l'année précédente. Je m'étais procuré son emploi du temps, je l'espionnais à l'arrêt de bus, je faisais tout pour qu'il me croise sur sa route. Mais jamais je n'aurais osé aller lui parler, surtout qu'il avait au moins dix-sept ans, et moi quatorze... La première fois que Mouna me l'a présenté, j'étais dans tous mes états. Très vite, nous sommes devenus inséparables. Au collège, on nous appelait « les trois mousquetaires ».

À ce moment-là, j'ai commencé à me rebeller et à entretenir de mauvaises fréquentations. Mouna avait une bande de camarades qui n'allaient même plus au collège. Des petits délinquants de dix-huit ans, qui traînaient toute la journée sur leur scooter dans le centre-ville. Ils fumaient du shit, taguaient les murs et cassaient tout ce qu'ils trouvaient sur leur chemin. Moi, je ne faisais rien de tout ça, j'étais suiveuse. Je n'ai jamais eu de scooter, mes parents n'auraient jamais voulu. De toute façon, j'étais trop petite pour en conduire un. Mes pieds n'auraient même pas atteint le sol ! Je voulais juste me prouver que je n'étais pas aussi sage que je voulais bien le montrer. J'étais fière d'appartenir enfin à une bande. La plupart d'entre eux avaient des origines africaines ou maghrébines. À leur contact, ma différence s'estompait. Je n'étais plus perçue comme « l'Adoptée ». Mon caractère s'affirmait. Je sortais avec le chef de la bande, Mamadou. Et, une fois, je me suis même battue avec Mouna. Nous nous sommes tiré les cheveux comme des chiffonnières, en plein milieu de la cour de récré.

Je commençais à prendre de l'assurance avec les garçons. À cette époque, j'ai vécu ma première histoire d'amour avec Miguel, un Portugais. J'ai toujours été séduite par les Latins. Avec le recul, je réalise à quel point ces rencontres ont participé à ma quête des origines. Miguel n'était autre que le grand frère de Paulo. Il avait dix-neuf ans, et moi quinze. C'était inespéré qu'un mec de cet âge s'intéresse à moi. Enfin, je pouvais « frimer ». Il était passionné de musique et faisait de temps en temps le DJ dans des soirées. J'étais en admiration devant sa discothèque, sa super chaîne hi-fi, avec ses grosses enceintes. Puis c'était un beau gosse, dans le style brun ténébreux latino. Mes parents trouvaient que nous allions bien ensemble. Ma mère avait toujours imaginé que je sortirais avec un « mec typé ».

Notre idylle a duré un an, avant que je ne rencontre Jean-Christophe, qui allait devenir le père de ma fille. Entre nous, ç'a été le coup de foudre. Lui aussi était plus âgé que moi. À dix-neuf ans, il était mécanicien dans un garage Renault. Cette fois, c'était un « Gaulois », 100 % français, les cheveux en brosse avec de charmants yeux bleus. Il avait déjà un travail et une voiture, ce qui impressionnait la petite lycéenne de seize ans que j'étais. Il m'emmenait en virée à Paris. C'était nouveau pour moi. Jean-Christophe m'a fait découvrir la tour Eiffel, les Champs-Élysées, les restaurants aux chandelles... Il était très romantique, adorait me faire des surprises. Derrière son côté protecteur, il était aussi un garçon réservé, enfantin presque, qui se laissait materner. Et ça, ça me faisait craquer.

Je rêvais déjà d'avoir un enfant. Ce n'était sans doute pas un hasard si depuis le lycée, je souhaitais devenir sage-femme. Peut-être parce que j'ignorais moi-même d'où je venais. Je ne réalisais toujours pas que j'étais sortie du ventre d'une autre femme. J'étais fascinée par l'accouchement, qui restait un mystère pour moi. Dès l'âge de dix ans, je m'imaginais mère de famille, entourée de bambins, avec mon petit mari, dans une maison à la campagne. Je voulais absolument reproduire le schéma familial de mes parents. Pour moi, c'était ça le bonheur. Et plus ma relation avec Jean-Christophe devenait sérieuse, plus mon désir d'enfant augmentait. Mes parents l'appréciaient, mais ils pensaient que j'étais un peu jeune pour vivre une vraie vie de couple comme je le souhaitais. Ma mère avait surtout tenté de me convaincre d'éviter une grossesse aussi précoce. J'étais jeune, j'avais le temps, disait-elle. Un jour, je devais avoir dix-sept ans, ma mère m'interdit d'aller dormir chez lui. J'ai alors prononcé à nouveau cette phrase terrible que je lui avais lancée quand j'avais sept ans : « De toute façon, t'es pas ma mère ! Je fais ce que je veux ». La différence, c'est que dix ans plus tard, je saisissais le poids des mots.

Avec Jean-Christophe, nous parlions très rarement de mon adoption. Il ne me posait pas de questions. À cette époque, je ne m'y intéressais moi-même pas plus que ça, contrairement à mes parents, qui s'étaient mis en tête de m'emmener découvrir la terre de mes ancêtres. Ils pensaient me faire plaisir. Le voyage au Pérou devait être le cadeau de mes dix-huit ans. Sauf que ma mère a été licenciée, et le voyage est tombé à l'eau. De toute façon, j'avais d'autres projets. Mon bac en poche, je me suis inscrite en DEUG de Lettres modernes et nous nous sommes installés avec Jean-Christophe dans un petit village de l'Oise, non loin de chez mes parents. J'avais fait une croix sur l'idée de devenir sage-femme, faute d'un niveau satisfaisant en maths. À nouveau, je voulais devenir instit comme j'en avais toujours rêvé. Mes parents étaient inquiets de me voir quitter si vite la maison, mais cela les rassurait que je poursuive mes études. Mon frère, lui, avait été renvoyé de tous les collèges.

Un an plus tard, je suis tombée enceinte. J'ai annoncé la nouvelle à ma mère en lui chantant le refrain de ce spot publicitaire : « Grand-mère sait faire un bon café ! » Ma plaisanterie ne l'a pas vraiment fait rire.

— Mais comment tu vas faire avec un enfant et tes études ? Tu ne te rends pas compte !

Non, je ne me rendais pas compte. J'étais totalement insouciante. Je m'imaginais instit dans mon village, avec mon enfant et mon petit mari. Jean-Christophe était adorable. Il cédait d'ailleurs à tous mes caprices. Dans notre couple, j'avais toujours le dernier mot. Pour rassurer ma mère, je lui promis de continuer la fac. Au fond de moi, j'étais profondément déçue par sa réaction. Je pensais lui faire plaisir. Cet enfant, quelque part, c'était un peu le sien. C'était comme un cadeau que je lui faisais, à elle qui n'avait pas pu donner la vie.

J'étais si contente d'être enceinte que je voulais faire partager ma joie à tout le monde. Mais, à ma grande surprise, personne n'a bien accueilli la nouvelle, à part une de mes cousines. Dans ma famille, de la part de mes amis, je n'avais droit qu'à des sermons. On ne cessait de me dire que ce choix n'était pas réfléchi. « Mais tu es devenue folle ! », « Tu vas galérer, ma pauvre », « Tu verras, tu vas le regretter ! »... Ces remarques, je les ai entendues jusqu'au cinquième mois de ma grossesse. C'était dur à vivre. On me gâchait mon bonheur d'être enceinte. Faut-il y voir un lien, je me suis mise à maigrir et je vomissais sans arrêt. Les médecins s'inquiétaient.

Certains d'entre eux disaient que je n'assumais pas ma grossesse. Mes soucis de santé, je n'osais pas trop en parler à ma mère. Elle qui n'avait jamais été enceinte, je la sentais gênée de ne pas pouvoir me prodiguer ses conseils de mère. Elle s'était pourtant faite à l'idée que j'allais mettre au monde une petite fille.

J'ai voulu que ma mère assiste à l'accouchement. Jean-Christophe n'y voyait pas d'inconvénient. C'était une façon pour moi de lui faire partager ce grand moment. En octobre, Lisa vit le jour. J'ai vécu sa naissance comme une révélation. À peine sortie de la salle de travail, j'ai eu un flash. Lisa était à côté de moi, dans sa couveuse, emmaillotée dans une couverture, un petit bonnet rose sur la tête. Seule dans ma chambre, je repensais à ce que je venais de vivre : les contractions, la douleur, l'expulsion, puis l'extase de voir mon bébé... Et là, j'ai pris conscience qu'une femme avait dû ressentir la même chose pour me mettre au monde. Cette femme, c'était ma mère biologique. J'avais donc une mère ! Moi aussi, je venais d'un ventre et pas seulement d'un avion ! Évidemment, je savais que je n'étais pas tombée du ciel, mais je n'avais jamais pris conscience de ce que cela signifiait en termes d'émotions, de sensations... J'avais souvent eu l'impression de venir d'un trou noir, de nulle part. À cet instant, j'ai réalisé que ma vie avait commencé avant que mes parents m'adoptent. Vingt ans auparavant, une femme avait accouché et sans doute souffert pour que je voie le jour. Les questions se bousculaient dans ma tête. Quand l'infirmière a posé Lisa sur mon ventre, je me suis demandé si ma mère avait connu cette sensation. M'avait-elle donné le sein ? Lui avait-on retiré le bébé sur-le-champ ? Je découvrais enfin ce qui était pourtant une évidence. Que j'avais eu ma propre histoire, aussi courte fut-elle, avant d'arriver en France. Je n'ai parlé à personne de ce flash, pas même à ma mère.

Naturellement, je n'arrivais pas encore à imaginer le visage de ma mère biologique. Je percevais juste une silhouette. Toujours la même. Une femme dans les montagnes en habit traditionnel multicolore. J'avais envie de porter Lisa comme là-bas, sur mon dos. Je l'observais dans sa couveuse. C'était comme un miroir. Je voyais en elle le bébé que j'avais dû être. Je cherchais désespérément des ressemblances. Mais Lisa était blanche comme la neige avec les yeux très clairs, un mélange de bleu et de vert. À part ses cheveux noirs, elle ne me ressemblait pas tant que ça. Je l'avoue, j'étais un peu déçue, j'aurais tant aimé avoir un bébé métis qui me rappelle mon pays.

Peu de temps après mon accouchement, j'ai reçu un cadeau de naissance de la part de *tía* Gi, l'institutrice française qui avait hébergé mes parents à Lima. J'y ai vu un signe du destin : l'irruption de mon passé dans ma nouvelle vie de mère. J'étais pourtant loin d'imaginer la suite. Que non seulement je découvrirais l'existence de ma vraie mère, mais qu'en plus j'allais mener une enquête dont les conclusions dépasseraient tout ce que j'avais pu imaginer. Des histoires d'enfants arrachés à l'amour de leurs parents, des récits de familles paralysées par la crainte, et qui préfèrent taire la vérité jusqu'à aujourd'hui.

7. Perdue entre deux cultures

Février 2001. Paris, station Châtelet-Les Halles. Un air de musique latino résonne dans les couloirs du métro. Ce vendredi soir, après une journée passée à la fac, je me dirige vers le quai du RER D. Cet air ne m'est pas inconnu, c'est une chanson traditionnelle péruvienne, *El condor pasa*. Moi qui n'aime pourtant pas ce genre de musique, je suis tout à coup attirée par la mélodie. Je rebrousse chemin à la recherche d'un groupe de musiciens. Je me retrouve alors à contre-courant d'un flot de banlieusards, pressés de rentrer chez eux en cette veille de week-end. Mes pas se laissent guider par la musique. J'ai une sensation étrange. Je me sens comme appelée. À l'intersection de deux couloirs, je tombe enfin sur le groupe que je cherchais. Une foule les entoure. Cette musique me touche au plus profond de mon être. C'est presque mystique. Le son des flûtes de pan et du *charango*, une petite guitare péruvienne, réveille en moi des sentiments enfouis. Je me sens bien, en paix avec moi-même. Cette musique m'apaise. Je m'assois sur une marche d'escalier. Un courant d'air me glace le dos. Je ferme les yeux et j'ai l'impression d'être dans mon pays. Mon pays imaginaire, celui de mon livre d'enfant. Je vois des montagnes arides et des femmes qui marchent avec leur bébé dans le dos.

Perdue dans mes rêves, je ne me suis même pas aperçue que la musique s'est arrêtée. Les spectateurs se sont envolés. Il ne reste plus que moi, assise sur une marche. Un homme s'approche. La trentaine, typé péruvien, il porte un catogan. Je crois reconnaître le chanteur du groupe. Il commence à me parler en espagnol. Je ne comprends rien. Cela fait près de trois ans que je ne pratique plus cette langue, je l'ai effacée de ma mémoire.

Interloqué, il me dit, en français :

— Mais... tu es péruvienne ? !

— Oui, mais j'ai grandi en France, j'ai été adoptée au Pérou.

Il s'appelle William et parle parfaitement le français. On échange quelques mots, puis il m'invite à boire un verre.

— Après le concert, on va compter les sous dans un bar aux Halles. Viens avec nous, ça me ferait plaisir.

J'accepte, il a l'air sympathique. Avec ses sept musiciens, nous entrons dans un café du quartier des Halles, « Le cœur couronné », où apparemment ils ont leurs habitudes. C'est un bar de quartier typiquement parisien, bondé et bruyant. Aujourd'hui, quand je repasse devant, j'ai toujours le réflexe de regarder s'ils sont là, dans le petit recoin, à gauche. Les voilà qui comptent le butin de la journée, puis, satisfaits, ressortent leurs guitares pour un « bœuf ». Le barman qui a l'air de les connaître, les laisse jouer. Ils ont entre trente et quarante ans, sont péruviens, chiliens, boliviens, argentins, équatoriens... L'ambiance est à la fête. Ils parlent fort en espagnol, rigolent à gorge déployée. Je me rends compte que j'ai le même type de rire qu'eux. Ce sont pourtant de parfaits inconnus, mais je me sens bien avec eux. Ils me bombardent de questions. « Tu viens d'où ? De quelle ville du Pérou ? Depuis combien de temps tu es à Paris ?... » J'explique une fois de plus ma situation d'adoptée.

Moi qui n'ai jamais rencontré de Péruviens auparavant, je veux subitement tout connaître de mon pays d'origine. Je leur demande, comme une enfant : « Racontez-moi mon pays ! » Ils me parlent de Lima, me disent que c'est une ville immense, très pauvre, très polluée, qu'il y a beaucoup de délinquance. Leur description détonne avec l'idée que je me faisais de mon pays, du moins celui de mon livre : la cordillère des Andes, les condors, les lamas... La réalité semble nettement moins exotique. Je suis déçue. Pour la première fois, je me cogne pour de vrai à mon pays.

Je regarde ma montre, il est déjà 23 heures ! Il faut que je file. Jean-Christophe va commencer à s'inquiéter. On s'échange nos numéros de téléphone et ils m'invitent à venir les voir jouer le mercredi suivant. En rentrant, je me sens différente. Je viens de découvrir une partie de moi-même que je cherchais sans jamais me l'être avoué. Une fois dans mon lit, je me repasse les images de la soirée dans ma tête. Ça me réchauffe le cœur, un peu comme un feu dont on se rapproche quand il fait froid. C'est sans doute ça l'ambiance latine. Jean-Christophe est content pour moi. Il voit que ça m'a fait plaisir de fréquenter des gens de mon pays. Au fond de moi, j'ai pourtant un pressentiment. Je sens que quelque chose va mal tourner. Mais je ne sais pas encore quoi.

Il faut resituer cette scène dans son contexte. Mon accouchement avait été pour moi comme une deuxième naissance. Depuis, je n'étais plus la même. Rien n'était cependant perceptible dans mon comportement. J'étais toujours amoureuse de Jean-Christophe, et ravie d'être enfin maman. Ce qui se tramait était beaucoup plus intime et irrationnel. Nous venions d'emménager dans un appartement que Jean-Christophe avait acheté, près de Creil, dans l'Oise. J'avais repris ma licence de lettres. Des copines m'apportaient les cours que je révisais chez moi, entre deux biberons. Quand j'avais des examens à passer, ma mère gardait Lisa. Elle s'est très vite attachée à sa petite-fille, d'autant plus qu'elle l'avait vue naître. C'était comme une deuxième maman. Lisa n'était pas une enfant facile. Elle piquait des crises, ne faisait pas ses nuits, s'agitait beaucoup dans son berceau. J'avais énormément de mal à la calmer. Je me sentais un peu dépassée. Heureusement, Jean-Christophe était là. Il s'est révélé être un très bon père. Nous nous levions à tour de rôle la nuit. Cet enfant, j'en avais tant rêvé, et pourtant, je dois l'avouer, je ne me suis pas sentie tout de suite mère. Je me demandais si c'était normal. J'aimais ma fille, mais je n'avais pas cet instinct maternel que connaissent beaucoup de femmes dès le premier regard échangé avec leur bébé. C'est avec le temps que j'ai appris à devenir mère.

Lisa n'avait que quatre mois et je ne pensais qu'à une chose : sortir. Ma rencontre avec les musiciens du métro avait bousculé ma vie. J'étais devenue irresponsable. Dès que je le pouvais, j'inventais n'importe quel prétexte pour filer sur Paris et retrouver mes musiciens. Je séchais les cours pendant que ma mère gardait Lisa. Le soir, je mentais à Jean-Christophe, je lui disais que j'allais voir Axelle, ma meilleure amie depuis le lycée. Je lui confiais la petite sans remords et sans me préoccuper de savoir s'il restait suffisamment de lait pour ses biberons. Je retrouvais les musiciens dans leur Q.G des Halles, au « Cœur couronné ». Je m'entendais bien avec deux Péruviens, William le chanteur, et Oscar, le joueur de *charango*. Avec Oscar, le plus jeune, nous nous baladions souvent le long de la Seine. Il habitait près du pont de Neuilly. C'était un garçon timide de vingt-trois ans à la bouille toute ronde. Il était venu à Paris tenter sa chance. Il me parlait de sa passion pour la musique, de sa vie de sans-papiers et moi, je lui confiais mon désir de découvrir ma culture. Nous discutions pendant des heures. Parfois, je rentrais à l'aube.

J'avais besoin de les voir, c'était devenu vital. Je passais des après-midi entiers à les écouter jouer dans les couloirs du métro. J'avais acheté leur CD et je l'écoutais en boucle à la maison pendant que je gardais Lisa. Cette musique me transportait. Jean-Christophe, lui, commençait à devenir fou. Dès que je rentrais chez moi, j'avais envie de ressortir. Notre couple prenait l'eau par ma faute. Je prenais mes distances pour partir à l'assaut d'un nouveau monde. J'avais l'impression de renaître. Je voulais me remettre à l'espagnol, connaître ma culture, refaire la déco de l'appart à la péruvienne, manger péruvien... J'étais prise dans un tourbillon. Impossible de faire machine arrière. Au fond de moi, pourtant, je ne savais plus qui j'étais. J'étais perdue. Je confiais mes doutes à Axelle, qui faisait des études de psychologie. Elle savait m'écouter et me conseiller. Mais rien n'y faisait. J'avais pourtant réalisé le rêve de ma vie : je venais d'entrer à l'IUFM pour devenir instit, j'avais fondé une famille avec un compagnon adorable à qui j'avais donné une fille tout aussi adorable. Et je m'apprêtais à tout foutre en l'air ! Moi qui avais toujours été sage, raisonnable, réfléchie, ça implosait dans ma tête. Je faisais ma crise d'adolescence à vingt et un ans.

Jean-Christophe me disait qu'il en avait assez de me voir « toujours dehors », que la petite pleurait de plus en plus quand je sortais le soir. Évidemment, je me sentais coupable. Mais ça m'énervait qu'il soit incapable de réaliser ce que j'étais en train de vivre. Cela lui passait au-dessus de la tête. Je percevais son indifférence comme un abandon. Il ne me comprenait plus. Il faut dire que j'avais radicalement changé. Mon irrésistible attirance pour le Pérou avait métamorphosé la Céline qu'il avait rencontrée cinq ans auparavant. Sans le vouloir, j'étais devenue quelqu'un d'autre.

Je m'accrochais à notre couple comme à une branche morte. Pour faire réagir Jean-Christophe, j'essayais de le rendre jaloux. Une fois, je lui ai même fait croire que j'avais une aventure avec un des Péruviens du groupe. Il a fait l'autruche : « Je ne veux rien savoir ». Nous étions dans l'impasse. Alors je lui ai proposé de suivre une thérapie de couple. Malheureusement, il a abandonné dès la première séance. Je ne pouvais pas continuer à lui faire endurer mon comportement irresponsable. Il fallait que je le quitte. Maintenant, j'en étais sûre, ma vie était ailleurs. Cela faisait bientôt un an que je connaissais le groupe de musiciens et mon pressentiment s'était confirmé. Cette rencontre avait fait basculer ma vie. Après une énième dispute, Jean-Christophe m'a prévenue : « Si tu passes cette porte, tu ne reviendras plus jamais ! »

Avant de partir, je devais être indépendante financièrement pour pouvoir élever Lisa. J'ai plaqué mes études à l'IUFM, deux mois après avoir réussi le concours d'entrée. Dans la foulée, j'ai trouvé un CDD de neuf mois dans une société d'investissement à la Défense, là où j'avais travaillé le temps d'un été. Je suis devenue du jour au lendemain assistante « middle-office », un nom barbare qui signifie que je dois gérer des opérations financières sur titres. Aucun rapport avec mes études de lettres, cette fois-ci, je maniais les chiffres. Peu m'importait, j'avais besoin de changement. Je me lançai tête baissée dans ma nouvelle vie. J'imaginais qu'à Paris, j'allais m'épanouir en consacrant tout mon temps libre au Pérou. La vie de mère célibataire ne m'effrayait pas. Lisa avait alors un an et quatre mois. Nous avons emménagé dans un petit deux pièces au rez-de-chaussée, dans le XIe arrondissement. Elle avait sa chambre et moi, je dormais dans le salon. Je lui ai trouvé une nourrice en garde partagée. Jean-Christophe s'occupait de notre fille un week-end sur deux. De mon côté, je poursuivais la quête de mes origines péruviennes. Un long chemin qui allait m'emmener à la découverte de moi-même.

8. Changement d'identité

À Paris, j'ai rapidement découvert l'intérêt des forums de discussion sur Internet. Un formidable moyen pour rencontrer de jeunes Péruviens. En effet, à part Oscar, les musiciens du métro avaient tous au moins une trentaine d'années, autant dire une dizaine de plus que moi. Nos discussions étaient agréables, mais nous n'avions pas les mêmes centres d'intérêt. À présent, j'avais envie de connaître des gens de mon âge. Un soir, alors que j'étais en train de « chatter » sur un forum, je suis tombée sur une personne qui avait un pseudo susceptible de m'intéresser : « Latino boy » – le mien était « Latina 75 ». J'ai engagé la conversation. Par chance, c'était un Péruvien. Il s'appelait Joan, avait vingt-deux ans, comme moi, et était arrivé en France à l'âge de huit ans. Il m'assura qu'il fréquentait le milieu latino à Paris. Il commençait sacrément à m'intéresser. Je lui répondis que moi aussi j'étais péruvienne, sans préciser que j'avais été adoptée. Si je voulais pénétrer dans le monde latino, il était préférable que je me fasse passer pour une vraie Péruvienne. En tout cas, c'est ce que je pensais.

Au bout d'une semaine, nous nous sommes rencontrés. J'ai été agréablement surprise. Joan était plutôt beau gosse. Grand, le teint très mat, un sourire charmeur. Je me suis immédiatement sentie attirée par lui. Avec le recul, je me rends compte que ses origines en étaient la raison. Dans ma quête, tout ce qui venait du Pérou avait une valeur inestimable à mes yeux. Il m'a emmenée faire un tour en voiture dans Paris. On s'entendait à peine parler dans sa vieille Fiesta blanche, tellement la musique était forte. Il enchaînait les disques de *salsa, merengue, cumbia*... Moi, à cette époque, je n'avais entendu que des airs de musique traditionnelle péruvienne. J'ignorais ce qui était à la mode. À chaque nouveau morceau, il me demandait si je connaissais. Je lui répondais par la négative à chaque fois. Il avait l'air surpris. À un moment, nous nous sommes arrêtés devant la tour Eiffel. Il m'a regardée droit dans les yeux et m'a dit :

— Ce n'est pas possible que tu sois péruvienne et que tu ne connaisses pas ces musiques-là !

J'étais piégée. Pour la première fois de ma vie, j'avais honte d'avouer que j'étais une adoptée. J'avais peur de passer pour une moins que rien en lui révélant que je n'étais pas une VRAIE Péruvienne. J'ai été obligée de lui expliquer mon cas. Il ne savait même pas qu'on pouvait adopter des enfants au Pérou. Finalement, ça n'a pas eu l'air de le déranger puisqu'il m'a invitée le soir même à le rejoindre, avec des amis, dans une boîte de nuit péruvienne. J'ai répondu « Banco ! », tout en pensant : « Mais dans quoi je m'embarque ? Je ne connais même pas ce type ! » Tant pis, j'étais prête à tout, quitte à prendre des risques, pour découvrir comment vivaient mes contemporains péruviens.

Après avoir appelé ma mère à la rescousse pour garder Lisa, je me suis préparée pendant des heures devant ma glace, comme une midinette. J'angoissais. Est-ce que j'aurais l'air d'une vraie Péruvienne si je m'habillais comme ça ? Mais qu'est-ce qui était à la mode chez les Péruviennes de mon âge à Paris ? À vrai dire, je n'en savais rien. Valait-il mieux que je mette une jupe ou un pantalon, un haut décolleté ou pas ? Moi qui portais d'habitude le classique jean-baskets, j'ai finalement opté pour une tenue plutôt sexy : un jean moulant et une chemise presque transparente, dans les tons roses, qui laissait entrevoir mon nombril. J'avais l'impression de changer d'identité, je découvrais ma féminité. Je me suis maquillée et parfumée comme pour un premier rendez-vous. J'ai laissé mes longs cheveux noirs détachés. Ce soir-là, j'allais être intronisée dans le cercle de la jeunesse péruvienne. J'étais tout excitée.

23 heures. J'arrive à l'adresse indiquée. Une petite rue sombre du IXe arrondissement. Joan est là. Il m'attend avec ses amis devant une espèce de restaurant à la façade jaune et aux vitres fumées. Ça ne ressemble en rien à une boîte de nuit. Il n'y a même pas d'enseigne sur la devanture. Je me demande dans quoi je vais atterrir. Nous entrons. La petite salle du restaurant est bondée et enfumée. Il y a une majorité d'hommes, attablés, une bière à la main. Ils parlent tous très fort et en espagnol, bien sûr. J'ai peur de ne pas être à la hauteur, de ne pas comprendre ce qu'ils disent. Je suis dans mes petits souliers, à la fois curieuse et mal à l'aise. Tout le monde

a l'air de se connaître. Ça ressemble davantage à une soirée privée. Intrigués par la nouvelle invitée, les amis de Joan me demandent d'où je viens.

— De Lima.

— Oui, mais de quel quartier dans Lima ?

Joan, voyant ma gêne, m'aide à esquiver la question. Les quelques filles présentes ont l'air aguicheur. Ultra-maquillées et sapées de façon beaucoup plus provocante que moi, elles m'inspectent de la tête aux pieds. Je me dis qu'elles doivent voir que je ne suis pas « une vraie ». D'ailleurs, le bruit court rapidement que je ne suis pas 100 % péruvienne. Je me demande comment on va pouvoir danser dans cette minuscule pièce, avec toutes ces tables et ces chaises. Puis on finit par descendre un petit escalier en pierre. C'est lugubre. Je me croirais dans les *Contes de la crypte* ! En bas, je découvre une cave voûtée à peine plus grande que la pièce du haut. La salle est éclairée par une ampoule qui pend au plafond. La lumière est blafarde. À cette époque, j'ignore que les vraies soirées latino se tiennent dans des lieux « underground ». Moi qui suis habituée à sortir dans des boîtes branchées parisiennes, comme le Duplex, le contraste est énorme. Je trouve la déco vraiment *cheap*. Il y a seulement quelques petits canapés rouges disposés le long des murs et un emplacement réservé au DJ.

Je ne me sens pas dans mon environnement. Je n'ai aucun repère dans cet endroit où tout le monde parle espagnol. L'angoisse monte d'un cran. J'ai presque peur de me retrouver dans cette cave avec ces inconnus. Et impossible d'aller rejoindre les filles pour me rassurer, elles me toisent toutes du regard comme une rivale potentielle. Je suis tiraillée par le désir de participer enfin à une authentique soirée latino et par l'envie de prendre mes jambes à mon cou. Soudain, la lumière s'éteint. Des spots multicolores prennent le relais. Le DJ lance un disque. C'est un *merengue*, une musique lascive des Caraïbes qui ressemble un peu au zouk. Dès les premières notes, je révise mon jugement. Je me sens enfin dans mon élément. J'ai l'impression de reconnaître cette musique, comme si je l'avais entendue dans le ventre de ma mère. À présent, j'ai envie de rester. Et tant pis si je ne sais pas danser, je vais improviser. La musique me désinhibe. Au bout du compte, je me retrouve à danser comme une folle jusqu'à l'aube.

Tout à coup, la lumière se rallume. Sur les tables, il ne reste plus que des cadavres de bières. Ça sent la fin. Je regarde ma montre : 4 heures déjà ! Je n'ai pas vu le temps passer. Je ne veux pas que cette soirée se termine, j'ai envie qu'elle dure toute la nuit, toute ma vie. Joan me ramène chez moi. Dans la voiture, deux de ses copines ont pris place. Des filles qui m'ont dévisagée une bonne partie de la soirée. Tous parlent d'aller manger un kebab après. Au lieu de m'inviter, ils me déposent chez moi. Sur le coup, je me sens un peu rejetée, comme au collège quand on me tenait à l'écart des bandes. Mais je ne proteste pas. Je suis sur un nuage. La tête dans les étoiles, je m'endors. Ça y est, j'ai un pied dans le monde latino. Et je n'en sortirai pas de sitôt.

Ainsi, pendant un an, j'ai vécu au rythme des soirées péruviennes du vendredi soir. Je me demandais comment j'avais pu m'en passer auparavant. Le reste du temps, je « chattais » sur Internet pour faire de nouvelles rencontres.

Ma mère m'avait pourtant mise en garde, mais je n'en faisais qu'à ma tête. Je ne pensais qu'à sortir, à faire la fête. Je suis même allée jusqu'à organiser des soirées péruviennes avec un DJ, surnommé Paulito, aujourd'hui réputé dans le monde latino. Cette ambiance, cette musique... tout m'enivrait. Les gens étaient si chaleureux, si différents des Français que je connaissais. Je me sentais comme dans un cocon. J'aimais leur accent coloré, leurs rires puissants, partager leur bonne humeur. On dit souvent que les Latinos sont *calientes*, traduisez « chauds » en français, et c'est vrai ! Ils sont très dragueurs, tactiles et sensuels quand ils dansent. Je vivais tout dans l'excès, comme si je cherchais à rattraper le temps perdu. Je me sentais pousser des ailes. Je goûtais enfin à l'indépendance, j'étais libre comme l'air. J'ai eu plusieurs flirts. J'appréciais leur insouciance. Avec eux, j'avais l'impression d'échapper au quotidien. On parlait de tout et de rien. Ils adoraient raconter des potins. Ce sont de vraies commères, les Latinos !

Je n'avais aucun recul. Je vivais dans l'instant. J'occultais les côtés négatifs de ces soirées où l'alcool coulait à flots. Moi qui ne buvais pas une goutte d'alcool auparavant, je m'étais mise à siroter de la bière au goulot comme tout le monde. J'esquivais constamment le regard des filles qui ne m'ont jamais acceptée. Je les sentais jalouses. Parfois, elles me poussaient volontairement sur la piste de danse. Je n'avais aucune amie péruvienne. Avec les mecs, en revanche, il n'y avait aucun problème. Mais j'avais toujours honte d'avouer que j'étais une adoptée. À cette période, ce mot était encore très lourd à porter. Au fil des soirées, les gens l'ont su. J'avais le sentiment qu'on me regardait toujours comme « la fausse Péruvienne ». D'ailleurs, les filles me surnommaient la *Peruana bamba*, la Péruvienne étrange, suspecte. Alors que je n'avais qu'une envie, c'était d'être comme elles. Moi qui avais voulu être 100 % française durant toute mon enfance et mon adolescence, aujourd'hui je voulais qu'on me prenne pour une Péruvienne, une vraie. Au premier abord, ça ne posait pas de problème, je me fondais dans la masse, mais dès qu'il s'agissait de discuter, je ne pouvais plus cacher ma différence. Dans ces soirées, tout le monde parlait espagnol. Même si je saisissais quelques mots, j'étais incapable de tenir une conversation. Quand quelqu'un venait me parler en boîte, avec la musique à fond, ce n'était pas évident de lui crier : « Je ne comprends pas, je suis adoptée ! » Alors, j'opinais du chef, je disais : « *Si, si* ! » En fait, je ne comprenais rien. Je commençais à en avoir marre de me justifier parce que je ne connaissais pas telle ou telle musique. Avec le recul, je me rends compte que certains Péruviens n'étaient pas très tolérants. Ils n'aimaient être qu'entre eux. Je devais cacher ma différence, même la plus minime. Si j'avais décidé de boire un Coca-Cola, par exemple, au lieu d'une bière, on me regardait de travers.

Plus tard, j'ai découvert les après-midi péruviens. Des réunions d'expatriés qui se tiennent dans des locaux associatifs ou des restaurants parisiens. Généralement, on y vient en famille. Les femmes préparent des plats typiques. On discute, on écoute de la musique, on boit de l'Inca Kola – la boisson numéro 1 au Pérou –, pendant que les enfants jouent entre les tables. J'adorais cette ambiance, son côté familial. Ça venait combler un manque. À défaut de connaître ma mère biologique, j'avais le sentiment d'appartenir à la grande famille péruvienne. Je discutais avec des mères, j'imaginais que la mienne leur ressemblait.

Je voulais que Lisa découvre la culture péruvienne, je lui faisais partager tout ce que je pouvais. Après tout, elle aussi avait du sang péruvien dans les veines. Je l'emmenais avec moi dans ces réunions d'expatriés, je lui faisais écouter de la musique... Elle aimait bien se trémousser au son du *merengue*. Quand elle était petite, je rêvais de la porter sur mon dos, comme là-bas. Mais je n'ai jamais trouvé à Paris ces fameux porte-bébés. Aujourd'hui, elle baragouine quelques mots en espagnol. Si je m'arrangeais pour que Lisa ne manque de rien, je n'étais pas encore une mère idéale. Certes, je l'assumais financièrement, mais je ne lui donnais sans doute pas assez d'affection. Est-ce la raison pour laquelle elle a mis autant de temps à apprendre à parler ? En fait, j'étais trop souvent absente. Heureusement que ma mère était là pour la garder quand j'étais en panne de baby-sitter. Mon amie Axelle, qui considérait Lisa comme sa filleule, me faisait régulièrement la morale. J'étais dans l'insouciance totale. Résultat : au bout de huit mois de folie à Paris, je n'avais plus un sou. Entre le loyer, la nounou et mes soirées, je ne m'en sortais plus. J'ai dû retourner vivre dans l'Oise chez mes parents, avec Lisa.

Mais cela ne m'empêchait pas de faire quelques virées à Paris, notamment avec Élodie, une fille franco-péruvienne que j'avais connue sur un « chat ». Élodie avait mon âge, c'était une jolie métisse aux faux airs de

Jennifer Lopez. Un soir, avec une de ses amies péruviennes, Miliana, on avait prévu d'aller danser entre filles. C'était le 4 avril 2003, une soirée que je n'oublierai jamais. Je suis passée les chercher en voiture et là, il y avait un invité surprise : Miliana avait ramené son grand frère, Fernando. Il a pris place sur la banquette arrière. Je l'observais dans le rétroviseur. Il était beau comme un dieu ! Le crâne rasé, un corps d'athlète, un sourire « ultrabrite ». Waouh ! J'étais sous le charme. Un vrai coup de foudre. Nous sommes allés à l'Anaconda, là où j'avais passé ma première soirée péruvienne un an auparavant. C'était devenu mon Q.G. Assise sur une banquette, j'étais comme paralysée. Je n'osais pas croiser son regard. Fernando m'impressionnait. Il portait une chemise froissée blanche et un pantalon en velours beige. Je le trouvais très classe.

Alors que je faisais mine de papoter avec les filles, tout d'un coup, il me prit la main et m'invita à danser une salsa. *La vida es un carnaval*, une chanson que j'adorais. Je bafouillai. J'en mourais d'envie, mais je me doutais aussi que c'était un bon danseur. Et je ne maîtrisais pas trop la technique de la salsa. Fernando insistait. Après une brève résistance, je me suis laissé entraîner sur la piste. Bingo, il dansait comme un pro ! Moi, je faisais n'importe quoi. Je lui marchais sur les pieds, je me cognais contre lui... Le supplice s'est rapidement terminé. Je me suis rassise, les pommettes encore rouges de honte. Quelques minutes après, le DJ lança un *merengue*. C'était beaucoup plus simple à danser. J'y suis allée au culot ; je l'ai invité pour me faire pardonner de ma piètre prestation. Je le sentais un peu réticent.

Mais cette fois, tout s'est bien passé. Ouf ! J'étais sauvée, j'avais réussi à rattraper le coup. Plus tard dans la soirée, nous nous sommes retrouvés dans une boîte colombienne, à Saint Germain-des-Prés. Il y avait plein de monde. Tant mieux, mon style passait inaperçu. À un moment, Fernando m'invita sur une musique très romantique et sensuelle, *Mis ojos lloran por ti* (Mes yeux pleurent pour toi). Nous nous déhanchions, très collés-serrés. Il pointa son regard dans mes yeux et m'embrassa. Il était 4 heures du matin. Je savais juste qu'il s'appelait Fernando.

Le lendemain, nous sommes allés boire un verre près de la tour Eiffel. Je me souviens qu'il a dû payer 15 euros pour deux cafés. Je ne savais pas encore qu'il était sans-papiers et travaillait comme ouvrier dans le bâtiment. Il m'avait dit qu'il avait vingt-huit ans, en fait, il en avait trente. Peu importait, j'étais conquise. Surtout par son physique. Il avait de l'allure, du charisme. Il était viril et par-dessus tout péruvien ! C'était devenu un critère pour moi. Côté discussion, l'affaire était plus compliquée. Il savait juste dire « bonjour », « merci » et « au revoir » en français. Au début, je prononçais les mots lentement pour qu'il comprenne, mais c'était vraiment du chinois pour lui. J'allais devoir me forcer à parler espagnol. Ma motivation, pour le coup, était beaucoup plus forte qu'au collège. Résultat : en à peine quatre mois, je maîtrisais parfaitement la langue.

Fernando avait quitté le Pérou et ses parents un an et demi avant notre rencontre pour rejoindre deux de ses sœurs à Paris. Très vite, il me les a présentées. Le dimanche, nous allions souvent chez sa grande sœur

Maribel, qui vivait dans une HLM de Saint-Denis avec son mari colombien et ses quatre enfants. L'appartement était chaleureux, décoré façon sud-américaine. Pour moi, c'était inespéré d'entrer dans une famille péruvienne, une vraie. Au début, Fernando ne voulait pas dire que j'étais adoptée. Mais ses sœurs se sont rapidement rendu compte que je n'étais pas péruvienne, puisque je ne maîtrisais pas encore la langue. À ses amis, il avait raconté une histoire où ma mère était française et mon père péruvien. Plus tard, quand j'ai découvert que j'étais une enfant volée, ça l'a mis encore plus mal à l'aise. Il ne voulait pas que j'en parle devant sa famille ou ses amis. Comme s'il avait honte. J'avais le sentiment qu'il me reniait, moi et une partie de ma vie. Ses sœurs pourtant, s'en fichaient que je sois adoptée ou volée. Tout de suite, elles m'ont accueillie comme une des leurs, comme une sœur. C'est lors de ces repas dominicaux que j'ai vraiment découvert la vie familiale à la péruvienne. Les déjeuners qui s'éternisent, les plats épicés – moi qui n'aimais pas les épices ! – les palabres, les éclats de rire, les coups de fil à la famille restée au pays. Ils étaient très croyants. Ça aussi, c'était nouveau pour moi. Mes parents m'avaient baptisée à l'âge de neuf mois afin de respecter la religion de mon pays d'origine, mais je n'étais pas vraiment croyante. En tout cas, je me sentais bien avec eux, dans cette ambiance. Moi qui avais toujours rêvé d'avoir une sœur, j'en avais deux d'un seul coup. C'est vite devenu ma deuxième famille, comme un pont vers mon pays d'origine.

Fernando et moi formions un couple fusionnel. Nous avions les mêmes goûts, les mêmes envies. Il m'apprenait à cuisiner le *ceviche*, du poisson cru mariné au citron et aux piments. Lui mangeait carrément le piment en entier ! J'ai découvert les patates douces orange, je ne savais même pas que ça existait. J'avais envie de devenir une bonne petite épouse péruvienne et savoir cuisiner de bons petits plats pour mon homme. Je me sentais de plus en plus péruvienne. Je faisais partie de la famille. Quand ils appelaient leurs parents, à Lima, ils me les passaient au téléphone. Dès que j'ai rencontré Fernando, je suis retournée vivre à Paris, avec Lisa, dans un petit deux pièces du XIe arrondissement. Lui logeait dans une chambre de bonne près de la gare de Lyon. Il ne voulait pas perdre son indépendance trop vite. Au Pérou, les jeunes ne vivent pas en couple avant le mariage. Il respectait plus ou moins la tradition. Ça ne l'empêchait pas de venir dormir chez moi tous les soirs. De mon côté, dès les premiers mois de notre relation, je pensais déjà à m'installer avec lui et à me marier. Surtout que pour lui, le mariage était la seule façon de régulariser sa situation.

Mes parents étaient contents pour moi. Depuis le temps que je cherchais à rencontrer un Péruvien ! En revanche, ils étaient inquiets de me savoir avec un sans-papiers en situation périlleuse, qui risquait de se faire embarquer par la police à tout moment. Je leur rendais visite régulièrement, mais j'avais de plus en plus de mal à me réadapter à « l'atmosphère française ». Les repas dominicaux me pesaient. Ça manquait de bruit, de musique, d'enfants qui courent partout, de gens qui parlent fort... Dans la famille de Fernando, c'était toujours la fête. En comparaison, ma vie française me paraissait triste à mourir. Je m'éloignais inéluctablement de ma famille. Je me sentais différente. Mes parents voyaient bien que je changeais, ils l'acceptaient sans me poser de questions. Après le classique réveillon de Noël passé chez mes parents, je suis allée rejoindre dès le lendemain Fernando et ses sœurs. Maintenant, c'était ma deuxième famille. J'avais acheté plein de cadeaux pour les enfants de Maribel. Dans la famille de Fernando, Noël avait une toute autre signification, c'était une vraie fête religieuse. Baignée dans cette ferveur, je me prenais parfois à croire en Dieu. À leur contact, je me sentais surtout de plus en plus péruvienne. Sauf que j'éprouvais toujours un manque. J'avais trouvé une famille, mais ce n'était pas la mienne. C'est sans doute pour cette raison qu'en ce mois de janvier 2004, j'ai pris la décision de retrouver ma vraie mère. J'ai brièvement évoqué ma démarche à mes parents. Au cours d'un repas, j'ai lancé, l'air de rien :

— Au fait, je vais peut-être retrouver ma mère. Le père de Fernando, qui a travaillé dans la police, à Lima, va m'aider.

J'appréhendais un peu leur réaction, mais personne n'a relevé. Au moins, je les avais prévenus. En fait, ma mère qui observait mon comportement depuis quelque temps, s'attendait à cette décision. C'était dans l'ordre des choses. Ma mère a toujours pensé que retrouver ses parents biologiques était une démarche naturelle pour les enfants adoptés. Ma décision n'a quand même pas dû être facile à accepter pour mes parents. En tout cas, ils ne m'ont jamais montré leur peine, ils n'ont jamais essayé de me culpabiliser, et m'ont laissée mener seule mes recherches. Un jour, ma mère m'a avoué que depuis ma rencontre avec Fernando, elle se préparait à ce que je lui annonce mon départ pour le Pérou. Et elle a précisé : « Si un jour, tu souhaites aller vivre là-bas, ne te gêne surtout pas pour nous. Suis tes envies, fais ce que tu penses être bien pour toi ». C'est ainsi que quelques semaines après cette discussion, grâce au père de Fernando, j'ai retrouvé la trace de ma famille biologique. L'histoire aurait pu s'arrêter là. Mais, sans le savoir, je me retrouvai embarquée dans une trajectoire bien plus longue.

9. Lui parler pour la première fois

Ce sentiment d'avoir été enlevée à ma mère devait être inscrit dans mon corps, dans mon âme. En fin de compte, inconsciemment, je l'ai toujours su. Depuis toute petite, j'attendais de lire ce chapitre qui manquait à l'histoire de ma vie jusqu'à ce dimanche de février 2004. Ce jour-là sur le quai du métro Miromesnil, Fernando m'annonce qu'on a retrouvé ma mère, mais aussi que j'ai été kidnappée quelques jours après ma naissance. Dans la soirée, il m'apprend également que j'ai des frères et sœurs et que mon père est revenu à la maison. C'est trop pour moi ! Je m'attendais à retrouver une mère, pas une famille au grand complet !

Je veux tout de suite prévenir ma mère adoptive. Faute de forfait sur mon portable, je descends à la cabine téléphonique en bas de chez moi. Mon père, Jean-Marc, décroche. Il est très remonté contre moi, car le week-end précédent, je l'ai averti à tort que je m'étais fait voler sa voiture. En fait, j'ai fini par la retrouver quelques rues plus loin, dans mon quartier. Il me demande si j'ai porté plainte, si j'ai appelé l'assurance...

— On ne peut pas te faire confiance !, lâche-t-il.

Ce n'est vraiment pas le moment qu'il me parle de ça. Je lui dis de me passer ma mère, qu'il y a plus urgent à l'heure actuelle.

— Allô maman, c'est horrible ! Le père de Fernando a retrouvé ma mère, il dit qu'elle ne m'a pas abandonnée mais que j'ai été volée !

Ma mère, Brigitte, reste sans voix. Je n'entends plus mon père hurler derrière elle.

— C'est horrible ! Tu te rends compte ?... Tu le savais ?, poursuis-je, troublée par son silence.

L'espace d'un instant, j'ai un doute.

— Non ! Bien sûr que non ! On pensait que ta mère t'avait abandonnée parce qu'elle était jeune et pauvre... C'est ce qu'on nous a toujours dit.

Ma mère est sous le choc, elle aussi. Plus jamais je ne douterai de sa parole. En raccrochant, beaucoup de questions me viennent à l'esprit. Qui sont ces gens qui m'ont enlevée ? Combien ai-je de frères et sœurs ? Comment est ma mère ? Et mon père ?... Est-ce que je leur ressemble ? Je veux tout savoir et tout de suite. J'insiste auprès de Fernando pour que l'on rappelle son père avec ma carte latino. Au téléphone, ce dernier n'a pas beaucoup plus de détails à me donner. Manuel sait juste que ma mère se trouvait dans une mauvaise passe quand elle était tombée enceinte de moi, qu'elle avait été abusée par une pseudo-association caritative, qu'en fait, ces gens étaient des trafiquants d'enfants... À ce moment-là, ces notions sont encore très vagues pour moi. Il me faudra des détails pour mieux comprendre. D'après mon oncle, je ressemble à ma mère et à ma sœur. Mais,

Manuel ne sait pas combien de frères et de sœurs j'ai. Je suis un peu déçue. Il finit par me dire :

— Écoute, Céline, ta mère doit venir mardi soir chez moi. Tu n'auras qu'à appeler, comme ça, tu pourras lui demander ce que tu veux.

Je raccroche, ma main est engourdie par le froid. Je suis gelée dans cette cabine. En rentrant chez moi, je ne me sens pas bien. Fernando essaye de me rassurer en me disant que je pourrai parler à ma mère dans deux jours. Mais deux jours, ça me semble une éternité ! J'ai besoin qu'elle m'explique la vérité tout de suite. Brutalement, le film de ma vie s'efface. Je n'ai plus d'histoire, plus de passé. Et on me dit de patienter ! J'ai l'impression qu'une petite voix me susurre à l'oreille : « Moi je détiens le bon film, mais il faut attendre encore deux jours ! » C'est insupportable. Je ne parviens pas à m'endormir. Je suis tellement angoissée que je n'arrête pas de réveiller Fernando pour lui poser des questions. Je tente de récupérer le moindre détail qu'il aurait omis de me dire. Il faut que je reconstruise mon histoire avec le peu d'éléments dont je dispose. Je récapitule : « Donc, j'ai un père... Je m'en doutais, mais je ne pensais pas qu'il était encore avec ma mère. C'est un Péruvien, lui aussi, donc je suis 100 % péruvienne ! Quand est-il revenu vivre avec ma mère ? Je l'ignore. J'ai des sœurs et des frères biologiques. Combien sont-ils ? Sont-ils plus jeunes, plus âgés ?... Je l'ignore ». Ces questions m'obsèdent et m'empêchent de trouver le sommeil.

Le lendemain, je retourne au bureau. Je n'ai pas vraiment la tête à plaisanter avec mes collègues comme nous avons l'habitude de le faire. Le lundi matin, en général, je leur relate les derniers potins de la presse *people*. Mais cette fois-ci, c'est à moi qu'il arrive une histoire extraordinaire. Je n'ose pas leur raconter ce que j'ai découvert la veille et en même temps, j'ai envie de le crier sur tous les toits pour me prouver que c'est bien réel. Je finis par me confier à ma chef, Cécile, qui me soutiendra jusqu'au bout.

La nuit suivante, seconde nuit blanche. Cette fois-ci, je suis trop excitée. Demain, je vais entendre la voix de ma mère pour la première fois de ma vie ! Je m'efforce de l'imaginer. Elle a peut-être les mêmes intonations que moi. Peut-être rit-elle aussi fort que moi ? Le père de Fernando m'a précisé qu'elle m'avait eue à vingt-trois ans et non pas à seize, comme on avait dit à mes parents. Vingt-trois ans, c'est mon âge ! La coïncidence est troublante. Encore un signe du destin : j'ai attendu d'avoir l'âge auquel ma mère m'a mise au monde pour la retrouver. Je me mets à sa place : j'ai vingt-trois ans, je suis maman, c'est comme si on me volait ma petite Lisa ! Ma mère a donc quarante-six ans aujourd'hui. Pour la première fois, je tente d'imaginer son visage. Dans mes rêves d'enfant, je ne percevais qu'une silhouette. Je lui ressemble, paraît-il. Alors, je me regarde dans la glace en essayant de me projeter vingt-trois ans plus tard. Quelle tête aurai-je à son âge ? J'ai beau grimacer pour me vieillir, ça ne donne pas grand-chose.

Je finis par m'assoupir une ou deux heures avant que le réveil ne sonne.

7 heures. Je bondis hors de mon lit malgré la fatigue. Ça y est, nous sommes le 24 février. C'est le jour J. Ce soir, à 19 heures, je vais parler à ma mère pour la

première fois de ma vie ! Le compte à rebours a commencé. J'ai comme une horloge dans la tête. C'est un grand jour, je dois me rappeler chaque instant.

9 heures. J'arrive au boulot. Incapable de me concentrer, je fais semblant de lire le cours de la Bourse sur mon ordinateur, en fait je fixe la pendule en bas à droite de l'écran. Chaque minute me semble interminable. Je pense à ce soir. Par quoi vais-je commencer ? Comment rattraper en un coup de fil vingt-trois ans de ma vie ? Pour faire passer mon angoisse, je réfléchis à l'organisation de la soirée. Chez moi, je n'ai pas de téléphone fixe et je suppose que la conversation va durer longtemps. D'une cabine, ça va être compliqué, surtout que Lisa sera avec moi. Je décide finalement d'aller téléphoner de chez mes grands-parents, à Saint-Denis. Ma grand-mère pourra s'occuper de ma fille, ainsi je serai tranquille.

13 heures. Pause déjeuner. Je file acheter une « carte latino ». Je prends la plus chère : 15 euros pour 800 minutes de communication ! Cela devrait suffire. Je me dis qu'il faudrait que je filme la scène : pour la première fois de ma vie, je vais parler à ma mère. Je note sur un bout de papier : « Penser à aller chercher mon Caméscope ».

16 h 30. Je ne tiens plus. J'éteins mon ordinateur. Je dis au revoir à mes collègues comme si c'était la dernière fois que je les voyais. J'ai l'impression que je vais changer de vie. Demain, je ne serai plus la même. J'attrape le RER à la station Défense. Dans la rame, je regarde les gens qui font la tête, j'ai envie de leur crier

ma joie. Ils n'ont pas l'air de comprendre ce que je suis en train de vivre !

17 heures. J'attends Lisa devant son école, dans le XIe arrondissement. Je file chez moi récupérer mon Caméscope. Puis, je prends le métro direction Saint-Denis, avec ma fille.

18 h 30. Je sonne à la porte de chez mes grands-parents. Je les embrasse et leur explique brièvement la situation. Ils ne saisissent pas tout. De toute façon, je suis trop énervée pour rentrer dans les détails. Comme d'habitude, le chauffage est poussé à fond dans cette maison. J'enlève ma doudoune et mon écharpe. Ma grand-mère va faire dîner Lisa dans la cuisine. Je m'installe dans le petit salon. Mon grand-père me suit. Il tient absolument à écouter notre conversation. Il comprend l'espagnol, c'est sa langue natale. Je fais des essais de caméra. Je la pose en hauteur sur la commode. Je m'assois sur le vieux canapé marron, face à mon grand-père. À ma droite, sur un petit guéridon, le téléphone est à portée de main. Je décroche. Je suis bien dans l'axe de la caméra. Parfait. Sauf que le haut-parleur ne fonctionne pas. Je râle. Je suis tellement stressée que j'ai l'impression que le moindre petit imprévu va tout faire capoter. Je monte chercher un autre téléphone.

Il est 18 h 50. J'ai le ventre noué, mon cœur s'emballe. Peur de ne pas savoir quoi dire, de ne pas tout comprendre. Surtout que les Sud-Américains parlent très vite. Allez, c'est parti, je me lance. Je compose le numéro de ma carte latino puis celui du père de Fernando, à Lima. Je le connais par cœur. À l'autre bout de la ligne, le téléphone sonne. Mes mains tremblent. Je ne sais pas sur qui je vais tomber. Impassible, mon grand-père m'observe. Se rend-il compte ? Je lui dis : « J'ai peur ». Il n'entend pas. Il est un peu dur d'oreille. Je répète. « J'ai peur ! » Quelqu'un décroche, c'est une femme. L'espace d'un instant, je crois que c'est ma mère. Puis je reconnais la voix de Teodora, la mère de Fernando.

Comme je l'ai enregistrée, voici la retranscription authentique de notre conversation téléphonique :

— *Señora* Ponte ?

— Ah ! Céline, comment vas-tu ? Tu sais que ta mère est là, chez nous ! Mais elle est dans tous ses états, elle n'arrête pas de pleurer...

Je suis gênée que la femme qui m'a mise au monde pleure à cause de moi.

— Ah bon !... Mais... ça va quand même ?

— Oui, elle se calme un peu. Tout le monde est là...

— Qui est là ?

— Ton père...

— Ah ! mon père est là ! ?

Je ne m'y attendais pas. Je pensais juste parler à ma mère.

— Oui, et toute ta famille : tes oncles, ton petit frère, ta sœur... Je leur ai montré une photo de toi, ta mère a dit que tu ressemblais à sa fille aînée, Gaby. Mais tu ressembles aussi à ta mère ! Elle fait encore très jeune, tu sais.

Je suis contente. C'est la première fois que l'on me dit que je ressemble à quelqu'un ! Teodora continue à parler. Je commence à m'impatienter. J'aimerais qu'elle me passe ma mère maintenant. Enfin, elle me propose :

— Bon, qu'est-ce que je fais ? Tu veux que je l'appelle ?

— Je crois que oui. Le moment est venu.

— D'accord... Un petit instant, je vais la chercher.

Je regarde mon grand-père en souriant. Mon cœur se serre. Je sais que je m'apprête à vivre un grand événement, je cherche en vain un signe d'encouragement. J'ai l'impression qu'il ne réalise pas. Calé dans son fauteuil, mon grand-père est imperturbable, alors que je bouillonne de l'intérieur. Je lui dis qu'on va me la passer.

— Allô Céline ?

Je crois une nouvelle fois que c'est ma mère, mais non, c'est encore Teodora !

— Je te passe ta maman.

C'est comme si j'étais au bout du plongeoir, juste avant le grand saut. Mes jambes tremblent, mes genoux s'entrechoquent dans un mouvement incontrôlable. Mon grand-père se rapproche du téléphone pour mieux entendre.

— Allô, dit une petite voix.

— *Allô mamita ! Yo soy Doris Panta Cahuas.*

J'ai décliné fièrement mon identité comme pour justifier que j'étais bien sa fille. Je l'ai tout de suite appelée *mamita*, c'est comme ça au Pérou, que les filles d'une même famille se nomment entre elles. Mais soudain, j'entends sa petite voix s'effilocher en pleurs.

— Mamita, ne pleure pas...

Je ne sais pas comment la consoler.

— ... C'est beaucoup pour moi, reprend-elle, en sanglots.

— Pour moi aussi. Mais ne pleure pas, c'est un moment de joie.

— *Hijita,* (ma petite fille), je ne t'ai jamais oubliée. Depuis toujours, tu as été dans mon cœur, j'ai prié Dieu tous les jours pour que tu sois entre de bonnes mains...

— Ne t'inquiète pas... J'ai eu une vie formidable en France, ça, je peux te l'assurer. Je ne sais pas par où commencer après toutes ces années... En tout cas, je vais très bien, mes parents sont très gentils...

— Tu les remercieras. Il faut remercier Dieu aussi...

Je sais que la religion est très importante là-bas. Moi qui ne suis pas vraiment croyante, à cet instant précis j'ai l'impression que ma mère dit juste.

— Tu es heureuse de nous avoir retrouvés ?

— Oui, énormément ! Maintenant, je commence à comprendre beaucoup de choses. Comment te dire... ? Depuis un certain temps, je me sentais différente des Français...

— Quelque chose te manquait ?

— Oui, c'est ça. Cela fait deux ans que j'ai découvert le monde latino, et je me sens mieux, comme si j'avais retrouvé une partie de moi qui jusque-là était cachée... Et puis, j'ai connu mon petit ami, Fernando, lui aussi Péruvien. Aujourd'hui, je me sens davantage péruvienne.

— C'est ton sang péruvien qui t'appelait...

— Oui, c'est exactement ça. Il m'appelait dans mon corps, dans ma tête...

Je suis contente que ma mère me comprenne. J'ai l'impression que les liens du sang commencent à opérer.

— ... Et la dernière étape a été de te retrouver. Mais, tu sais, je n'ai jamais été en colère contre toi...

— Tant de choses se sont passées. Un jour, si tu peux venir, je t'expliquerai tout.

Je lui assure que je viendrai la voir, très bientôt. Elle me passe mon père qui tenait à me parler depuis un petit moment.

— Allô *papito*...

— Bonjour *hijita !* Tu sais qu'ici, on ne t'a jamais oubliée. Il ne s'est pas passé un seul 14 juillet sans qu'on fête ton anniversaire...

— Ah bon !

Plus tard, j'apprendrai en effet qu'ils fêtaient mon anniversaire en même temps que celui de ma sœur Gaby, qui, elle, est née le 15 juillet. Ils mettaient des bougies dans la maison et faisaient des prières pour que je sois en bonne santé.

— On ne pouvait rien faire. C'est vrai que tu es tombée entre de mauvaises mains à ta naissance, mais grâce à Dieu, tu t'en es bien sortie...

— Oui, j'imagine que ça a dû être dur pour vous. Moi, je viens juste d'apprendre la vérité. Je croyais que maman ne pouvait pas m'élever et m'avait laissée dans une institution...

— Non, ça ne s'est pas passé comme ça ! On n'a jamais cessé de penser à toi. C'était un cauchemar ici, tu sais...

— Oui, et grâce à Dieu...

Voilà que je me mets à parler comme eux !

— ... On ne peut pas se raconter vingt-trois ans de nos vies au téléphone, mais je voudrais savoir comment va la famille... Il paraît que j'ai des sœurs et des frères ?

— Oui, ils sont là ! Tu as un petit frère, Vladimir, qui a onze ans, une petite sœur, Vanessa, qui a vingt et un ans et une grande sœur, Gabriella, qui a vingt-six ans, mais elle n'a pas pu venir, elle travaille... Tu lui ressembles beaucoup !

D'un seul coup, je me retrouve membre d'une fratrie de quatre enfants ! Je me perds dans les prénoms, les âges...

— Donc, je suis la seconde... Et dans quoi elle travaille, ma grande sœur ?

— Dans une fabrique de papier hygiénique.

Je commence à réaliser que la vie n'est pas la même là-bas. Mon père poursuit, il semble beaucoup plus bavard que ma mère :

— Enfin, on est tous réunis. Ce qui nous avait tant manqué est revenu... Avec ta maman, on ne réalise pas encore.

— Moi non plus. J'ai l'impression que je vais me réveiller et me rendre compte que tout cela n'était qu'un rêve !

Mon nouveau père rigole.

— *Papito,* tu sais comment je m'appelle ?

— Oui, tu t'appelles Doris, comment l'aurais-je oublié ?

Je ris à mon tour.

— Ah mais je crois qu'on a changé ton nom, c'est ça ?

— Oui, pour toi et la famille au Pérou, je serai toujours Doris, mais ici, je m'appelle Céline.

Il répète avec l'accent espagnol : « Céliné ». Impossible pour lui de prononcer le son *e*. Il me passe ma sœur cadette, Vanessa.

— Allô *hermanita !* Comment vas-tu, petite sœur ?

J'ai tant rêvé d'avoir une sœur que j'ai envie de la traiter comme un petit bébé, malgré ses vingt et un ans. Je lui dis :

— Tu vois, maintenant, tu as une nouvelle sœur !

— Tu as toujours été présente dans nos cœurs, lâche-t-elle avant de se mettre à pleurer. Je prends conscience que toute ma famille a souffert de mon absence. Elle reprend :

— Tu te portes bien ?

— Oui, ma vie est super ici !

— J'imagine. Tu dois avoir tout ce que tu veux là-bas. Tu sais, ici, la vie est dure.

Tout à coup, j'ai honte d'avoir dit ça.

— Et tu fais quoi dans la vie ? Des études ?

— Non, rien. Je m'occupe de mon bébé.

Je suis surprise que ma petite sœur ait déjà un bébé. Elle me dit qu'avec les trois enfants de mon autre sœur, ça me fait quatre neveux ! Ma nouvelle famille s'agrandit encore. Je lui annonce alors qu'elle a une nièce en plus. Elle est contente de savoir que j'ai un enfant. J'ai l'impression que ça nous rapproche. Elle finit par me passer mon petit frère. Comment s'appelle-t-il déjà ? Je demande à mon grand-père, toujours assis en face de moi, qui, l'air de rien, a suivi toute la conversation.

— Il s'appelle Vladimir.

Un prénom peu commun au Pérou !

— *Hermanito* (petit frère), dis-moi, qu'est-ce que tu fais ?

— Bah, je suis là et je parle avec toi !

Je pars dans un grand éclat de rire.

— Je ne te connais pas mais tu me fais déjà rire !

Je reprends sur un ton maternel :

— J'espère que tu travailles bien, tu sais que c'est important pour la suite...

Il me répond à peine et me demande aussitôt mon adresse Internet. À ce moment-là, je vois Lisa qui passe sa petite tête derrière la porte. Elle me demande si elle peut entrer. Je lui dis « oui », mais à condition qu'elle ne fasse pas de bruit. Elle doit se demander pourquoi je reste au téléphone aussi longtemps. Vu son jeune âge, ce n'est pas évident de lui expliquer la situation. Ensuite, Eduardo prend le téléphone, puis deux autres de mes oncles. Ça n'en finit plus. Je veux reparler à ma mère. Emportée par l'émotion, j'ai complètement oublié de l'interroger sur mon enlèvement. Je lui demande si elle connaît les Mendoza.

— Oui, c'était une famille très méchante. Ils sont même allés en prison. Mais, ils sont peut-être sortis depuis. Tu sais, ici, au Pérou... *Hijita*, la chance qu'on a eue dans notre malheur, c'est que tu sois ensuite tombée entre de bonnes mains, en France.

Je sens qu'elle n'a pas envie de s'étendre sur le sujet. Peut-être ne veut-elle pas en parler devant tout le monde ? Elle a eu suffisamment d'émotions pour aujourd'hui, je n'insiste pas. Je suis déjà heureuse d'avoir pu entendre leurs voix, à tous. Elle me promet qu'on reparlera de tout ça, quand je viendrai la voir au Pérou. Après deux heures de conversation, j'ai du mal à raccrocher. Je suis sur un nuage. J'essaye de remettre les choses dans l'ordre, de me rappeler qui est qui. Je me sens soudain moins seule. L'angoisse, le vide que j'ai ressentis ces derniers jours se dissipent peu à peu. J'ai une nouvelle histoire et une nouvelle famille. Mais je ne réalise pas encore que c'est la mienne. Il me faudra sûrement du temps pour apprendre à les adopter.

Comme ma mère m'a précisé le nom du quartier où ils habitent, « Ventanilla », près de Callao, je vérifie aussitôt sur Internet pour me faire une idée. Il n'y a pas grand-chose, juste une photo. Dessus, on voit un grand *V* annonçant l'entrée de ce que je pense être une ville, et au loin des montagnes de terre. Cet endroit a l'air assez désertique. Mais, cette photo est pour moi la preuve que Ventanilla existe bien. Ce n'est plus un rêve. Dorénavant, ma seule préoccupation est de trouver l'argent nécessaire pour partir au Pérou le plus vite possible.

10. Mon projet de voyage

Cela peut sembler paradoxal, mais la découverte de l'existence de ma mère biologique ne m'éloigne pas de mes parents adoptifs. Bien au contraire... Cette épreuve est même l'occasion pour ma mère française et moi de nous retrouver. Il est vrai que depuis mon entrée dans le monde latino, j'étais moins disponible. Dorénavant, maman et moi nous appelons tous les jours, comme si nous avions besoin de nous rassurer mutuellement. Elle doit croire que je doute de ses paroles. J'essaye de l'en dissuader. Ma mère est une personne entière, jamais elle n'aurait pu vivre avec un tel secret. À présent, elle culpabilise d'avoir été heureuse avec un enfant volé à une autre. Elle a l'impression qu'en m'adoptant, mon père et elle ont participé indirectement à mon enlèvement. Un jour, elle me dit :

— Si j'avais su que tu avais été volée, excuse-moi de te le dire, mais je n'aurais pas pu te garder.

Avec l'irruption de cette nouvelle famille dans ma vie, ma mère doit apprendre à me partager. Soudain, elle n'a plus l'exclusivité sur moi. Elle pourrait être jalouse et m'empêcher de leur parler. Elle pourrait trouver des raisons, bonnes ou mauvaises, pour tenter de me dissuader d'aller au Pérou. Rien de tout ça. Ma mère est quelqu'un de très pudique, elle ne me montre pas sa tristesse. Au fond d'elle, pourtant, elle doit être bouleversée. Une seule fois, elle laissera exprimer sa peine devant moi. Ce jour-là, je viens de recevoir un mail avec des photos de ma famille biologique, et je découvre pour la première fois le visage de ma mère péruvienne. Mamita – je l'appelle ainsi pour ne pas me perdre entre mes deux mères ! – est une belle femme, typée indienne, les pommettes saillantes. Son air un peu sévère détonne avec le son de sa voix, si douce. Cependant, je ne suis pas surprise en la voyant. Comme si je l'avais toujours connue. On peut lire sur son visage tout le chagrin qu'elle a dû accumuler pendant ces vingt-trois dernières années. Elle ne sourit pas, comme moi quand j'étais petite. C'est sans doute ça « la tristesse du Pérou »... Mes parents trouvent d'ailleurs que je lui ressemble. Moi non. Sur un autre cliché, on voit ma petite sœur Vanessa, habillée comme une pin-up, en minijupe, la bouche peinturlurée de rouge à lèvres. Je trouve son style un peu vulgaire. Mon père, lui, m'a envoyé une photo qui date d'au moins vingt ans. Il est assez bel homme, les cheveux gominés, l'air frimeur. Le Latino dans toute sa splendeur. Il y a aussi une vieille photo de ma grande sœur Gabriella, quand elle avait un an. Les cheveux coupés au bol, elle porte une petite robe rose. La ressemblance frappe ma mère. Elle me montre alors une photo de moi, prise à l'occasion de mon premier anniversaire. J'ai la même petite robe rose et la même coupe de cheveux. On dirait des jumelles ! Ma mère lâche alors :

— S'ils ont la même petite fille chez eux, pourquoi veulent-ils te récupérer ?

Cette phrase lui a échappé, comme un cri du cœur. Je lui explique que mes parents biologiques ne cherchent pas à me reprendre avec eux, qu'au contraire, c'est moi qui ai voulu les retrouver. J'essaye de la rassurer du mieux que je peux, en lui disant que je ne souhaite pas m'installer là-bas.

Désormais, je dois jongler entre ma mère adoptive et ma mère biologique. Je confie mes angoisses à l'une et apprends à connaître l'autre. Mamita n'a pas le téléphone chez elle, alors je l'appelle chez un voisin, qui se trouve être aussi un cousin. Encore aujourd'hui, j'ignore le nombre exact de cousins péruviens que je peux avoir ! À chaque fois que je l'ai en ligne, mamita m'accueille par la même phrase : « Je ne t'ai jamais oubliée ». Je répète ces mots derrière elle comme pour la rassurer. Cela devient très vite notre façon de nous dire bonjour. Elle m'appelle Doris. Au début, ça me fait bizarre. Surtout depuis que je sais qu'on m'a prénommée ainsi en hommage à Dora Mendoza. J'ai l'impression qu'elle parle à quelqu'un d'autre, puis au fil du temps, je m'y habitue. Dans sa tête, je suis Doris depuis vingt-trois ans, je ne peux pas la forcer à m'appeler Céline. Mamita et moi papotons de nos vies respectives. Elle est très curieuse de savoir ce que je fais à Paris. Autrefois, sa propre mère lui parlait souvent de la *ciudad luz* (la Ville lumière). Elle a grandi avec l'image d'un Paris féerique et a toujours rêvé d'y aller. Quand elle a su que j'habitais ici, elle y a vu un signe du destin. Mamita doit m'imaginer avec une vie de rêve où l'argent coule à flots. Il faut dire que je n'arrête pas de lui répéter que je suis heureuse, que ma vie en France est formidable. En fait, je veux surtout la rassurer. Du coup, elle a honte de me décrire dans quelles conditions ils vivent, au Pérou. Toute la famille habite dans la même maison, au cœur d'un *pueblo joven*, un bidonville. Sauf ma petite sœur qui vit un peu plus loin avec son mari et son bébé. Cela fait tout de même huit personnes : ma mère, mon père, mon frère, ma grande sœur, son mari et leurs trois enfants ! Ils s'entassent dans une maison de trois pièces qui, d'après la description de ma mère, n'a pas de toit, pas d'eau courante ni d'électricité ! Seuls ma sœur et son mari travaillent régulièrement. Ma mère s'occupe des enfants et lave du linge chez des particuliers. Mon petit frère termine sa scolarité à l'école primaire. Il se passionne pour l'informatique. C'est lui qui se charge de m'envoyer des nouvelles par mail, depuis un cybercafé. Quant à mon père, il fait de temps en temps des petits boulots au marché. J'ai hâte de le connaître. Mais, je vois bien que mamita est un peu gênée de me parler de lui. Elle aurait sans doute préféré me dresser le portrait d'un père idéal, c'est loin d'être le cas. Elle m'apprend qu'il est parti avec une autre femme quand elle était enceinte de moi. Mamita s'est donc retrouvée seule. Ce qui explique pourquoi elle m'a déposée dans une « garderie ». Depuis, même s'il est revenu vivre à la maison et qu'il lui a donné deux autres enfants après ma naissance, il est toujours porté sur l'alcool.

Chaque information que me donne ma mère est comme une pièce de puzzle que j'essaye de remettre au bon endroit afin de construire mon histoire. Mais il reste encore quelques zones d'ombre. Je suis pressée d'aller la voir pour qu'on discute enfin de vive voix et que je puisse lui demander tout ce que j'ai sur le cœur. En attendant, je me mets en quête de billets d'avion sur Internet. Mes parents adoptifs me proposent aussitôt de me les offrir. Ils considèrent que c'est de leur devoir de me payer ce voyage que je n'ai pas pu faire à mes dix-huit ans. Cela représente une grosse somme pour eux. Mais ça a l'air de leur faire plaisir. J'accepte. Le problème, c'est que ma mère adoptive s'est mise en tête de m'accompagner. Elle se dit inquiète de me laisser partir seule en Amérique latine, moi qui n'ai connu que le Club Méd de Punta Cana, en République dominicaine. Et puis Lima est une ville dangereuse, surtout pour une fille... Fernando aurait pu être un excellent guide. Malheureusement, sa situation de sans-papiers l'empêche de quitter le territoire français. S'il part, il risque de ne plus jamais revenir. Ce voyage à l'envers vers ma terre natale, ma terre « promise » en quelque sorte, je ne l'envisage pas avec ma mère. C'est quelque chose de trop intime. J'ai la même impression que lorsque, enfant, je fouillais dans mon dossier rouge en son absence. Je sais que cette histoire n'appartient qu'à moi. Je tente de la rassurer en lui disant que les parents de Fernando seront sur place et qu'ils veilleront sur moi.

Mon départ est prévu pour le 8 avril. Je n'ai pu obtenir de mon employeur qu'une semaine de vacances. Lisa ira chez ma grand-mère pendant mon absence. Je suis tout excitée à l'idée de découvrir la terre qui m'a vue naître, et en même temps, j'angoisse énormément. Car, malgré les coups de fil et les mails que nous avons échangés avec ma famille péruvienne, je ne la connais pas, finalement. Je crains aussi pour mon petit confort d'Européenne. Je n'ai pas encore vu de photo de la maison là-bas, alors j'imagine le pire. Des bidonvilles en tôle dans les montagnes, comme on en voit dans les documentaires. D'être parachutée dans ce monde me fait un peu peur. Pour éviter d'être trop dépaysée dès mon arrivée, les parents de Fernando, d'un milieu social plus élevé, m'ont proposé de passer les premiers jours chez eux. Cette idée me rassure. J'ai l'impression de mieux les connaître. Et puis, je suis ravie de rencontrer enfin mes beaux-parents.

Avant de partir, j'achète des tas de cadeaux. Des souvenirs de « la Ville lumière » pour ma mère : des petites tours Eiffel qui s'illuminent, des briquets qui clignotent, des stylos... Pour mes sœurs : des vêtements, du parfum, un sac à main, des bijoux. Pour leurs enfants : des jouets, des cahiers et des crayons de couleur. Tout cet attirail remplit une énorme valise. De son côté, Fernando me confie un sac plein de cadeaux pour ses parents. Mes affaires, elles, se contentent d'un petit sac à dos. Résultat : à l'aéroport, je me retrouve avec un excédent de bagages de 10 kg ! Mais, peu importe, je réalise enfin le rêve de mes dix ans : je vais aider une famille pauvre au Pérou. La mienne !

À Roissy, ma mère me confie à son tour un petit présent pour mamita ainsi qu'une lettre à son intention. Dans cette missive de deux pages, elle lui explique dans quelles conditions mon père et elle m'ont adoptée, elle lui raconte mon enfance, ma scolarité, mon adolescence...

« Chère Cristina,

Je comprends ce que vous pouvez ressentir et la souffrance que vous avez traversée pendant toutes ces années [...] Si nous avions su que cette adoption était en fait un vol de bébé, croyez bien que nous n'aurions jamais accepté. Car, pour nous, c'est criminel d'enlever un enfant à sa mère. Vous avez souffert pendant vingt-trois ans, et je sais que pour vous et votre mari, ça doit être miraculeux de retrouver votre enfant.

Vous savez, "Céline-Doris" est une jeune femme très attachée à sa culture latino-américaine et c'est pour ça, je pense, que vous ne l'avez pas entièrement perdue, qu'elle vous revient et ne vous oubliera pas...

J'espère qu'un jour, nous aurons l'occasion de faire votre connaissance car maintenant vous faites aussi partie de notre vie. Nous allons devoir apprendre des deux côtés à partager Céline-Doris et je vous assure que ce n'est pas un problème pour nous. Ce que nous avons toujours voulu, c'est le bonheur de Céline et je pense qu'aujourd'hui, elle est encore plus heureuse et que ces retrouvailles renforceront son équilibre [...]

Pour Céline-Doris, qui a deux mamans et deux papas, essayons ensemble de suivre les prochains grands événements de sa vie [...] Aujourd'hui, nous sommes deux mamans un peu bouleversées, mais ce qui compte, c'est notre fille qui a besoin de nous deux et ça nous ne devons jamais l'oublier.

Brigitte Giraud ».

J'ai de la chance d'avoir une mère à ce point compréhensive. Avant de partir, elle me fait les dernières recommandations : « Fais attention, ne te promène pas seule dans Lima, ne porte pas de bijoux ni de sac à main, tu risquerais de te les faire voler... » Il est vrai que c'est la première fois que je voyage seule, et aussi loin. Cela me fait de la peine de laisser mes parents. J'ai le sentiment que je pars pour toujours alors que je ne reste qu'une semaine là-bas. Je me mets à leur place. Ils doivent avoir mal au cœur. Peut-être craignent-ils que je ne revienne pas ? Je me sens tout à coup égoïste d'avoir refusé la proposition de ma mère. Je n'arrive plus à les quitter. Derrière les vitres de la salle d'embarquement, je leur fais de grands au revoir qui n'en finissent plus.

11. Des tours de la Défense aux bidonvilles de Lima

Ce 8 avril 2004, à 10 h 30, je m'apprête à effectuer le périple de ma vie. Je suis tout excitée. Je me répète en boucle : « En route pour l'aventure ! » Je balaye du regard la salle d'embarquement à la recherche de quelques Péruviens qui rentreraient au pays. Il n'y a que des Chinois. Quelle déception !

Soudain, une hôtesse annonce : « Vol Air France numéro 7789, à destination de Caracas. Embarquement immédiat porte 10 ». C'est mon vol. Le trajet doit durer dix-sept heures, avec une escale au Venezuela. Je m'installe dans l'avion, côté hublot, mon sac à mes pieds. J'ai prévu une petite trousse de maquillage pour me refaire une beauté avant d'arriver. Je ne me sens pas très rassurée de parcourir plus de 10 000 kilomètres dans cet engin. Pour faire passer mon stress, je me mets au travail. Je dois traduire la lettre que ma mère a écrite pour mamita. Je consulte aussi une série de photos que j'ai apportées. Avant de partir, j'ai écumé tous les albums de famille. Je voulais faire une petite sélection pour mamita, afin qu'elle se fasse une idée de mon évolution.

J'ai réussi à récupérer des photos de moi à tous les âges : bébé, enfant, ado, puis mère. Coincée sur mon fauteuil, je m'arrête sur l'un des clichés. Je dois avoir sept ans, les cheveux au carré avec une frange, j'arbore une moue triste sous un petit parapluie aux couleurs de l'arc-en-ciel. Je comprends mieux pourquoi mon père parlait de « tristesse péruvienne » en me regardant. J'ai aussi emmené quelques photos de mes parents, de mon frère, de ma fille, et de Fernando. Je n'arrête pas de penser à lui qui est bloqué en France. Je trouve ça vraiment injuste. Cela fait maintenant plus de deux ans qu'il n'a pas vu ses parents et qu'il s'épuise dans des petits boulots sous-payés. Moi, j'ai la liberté d'aller où je veux, quand je veux. Ce voyage, j'aurais tant aimé pouvoir le faire avec lui. Qui mieux que Fernando pouvait me faire découvrir le Pérou ? Puis ça m'aurait rassurée qu'il soit là, à mes côtés. Je finis par m'endormir en pensant à lui.

À mon réveil, nous avons déjà traversé l'Atlantique. C'est ce que je constate en regardant l'écran sur lequel s'affiche la trajectoire de l'avion. En début de soirée, nous arrivons à Caracas. Enfin, l'Amérique du Sud ! Mais juste une étape, le temps de changer d'appareil. Nouveau décollage. Impossible de retrouver le sommeil. Je ne tiens plus en place. Nous survolons la cordillère des Andes. Je fixe l'écran de la petite télé. Dehors, il fait nuit. Mon casque de walkman vissé sur la tête, je m'imprègne de la musique de mon pays. Nous approchons de Lima, mon pouls s'accélère. Je colle mon nez au hublot. C'est magique ! Toutes ces lumières comme des centaines d'étoiles qui quadrillent la ville. L'homme assis à ma gauche, un vieil Européen corpulent, me regarde bizarrement. J'ai les larmes aux yeux. Dans quelques minutes, je vais marcher sur la terre de mes ancêtres, respirer l'air de mon pays... Au loin, j'aperçois les montagnes, celles que j'ai si souvent imaginées. Je touche au but, celui que, sans le savoir, je me suis fixé depuis vingt-trois ans !

21 h 40. Je pose un pied sur le tarmac de l'aéroport Jorge Chavez, à Callao. Je remplis mes poumons de l'air de mon pays. Et je me prends une énorme bouffée de chaleur mélangée à l'odeur du kérosène ! Un minibus nous conduit au terminal. Ça y est, je suis fondue dans la masse, au milieu de dizaines d'autres Péruviens. Personne ne peut deviner que je suis française. Mais l'angoisse monte d'un cran. Je me demande comment je vais pouvoir les reconnaître au milieu de la foule. Je n'ai vu que de vieilles photos d'eux et je ne suis absolument pas physionomiste. Est-ce qu'ils vont me reconnaître ? Auront-ils prévu une pancarte, comme pour les touristes ? J'espère secrètement que, derrière les vitres de l'aéroport, tout le monde sera là pour m'accueillir. C'est idiot, mais j'imagine mon arrivée comme dans un film. Ca pourrait s'appeler *Le Retour de l'enfant au pays*. Doris serait partie il y a très longtemps pour l'Europe, et tout un village, tout un pays, qui aurait attendu son retour pendant des années, serait là pour l'acclamer...

Pour l'instant, pas de foule en délire ni de haie d'honneur. Juste une immense file d'attente où il faut que je patiente pour présenter mes papiers au service d'immigration. Je me glisse dans la file. Je songe à mes parents adoptifs qui ont dû passer par là, vingt-trois ans auparavant, avec moi, bébé, dans leurs bras. Aujourd'hui, je fais le chemin à l'envers. Je regarde les gens autour de moi. La plupart des hommes portent des casquettes rouges. Je me demande pourquoi. Personne n'est habillé comme dans mon livre d'enfant. Ici, pas de poncho ni de jupe multicolore. On avance comme des escargots. Pour passer le temps, je m'amuse à traduire tous les panneaux que je vois. Et là, je tombe sur cette affiche avec un bébé péruvien porté sur le dos d'une femme. Sur sa tête, un bonnet marqué d'un code-barres. En bas de la photo, on peut lire « *Ni se vende ni se compra* » (Ne se vend pas ni ne s'achète) et « *Alto al trafico de niños !* » (Halte au trafic d'enfants !). La campagne est signée du ministère de l'Intérieur. Je suis abasourdie. Le slogan sonne comme un avertissement aux touristes candidats à l'adoption. Je ne pensais pas que cet odieux « commerce » était encore d'actualité. J'ai soudain l'impression que les choses n'ont pas beaucoup évolué dans ce pays. Ça me refroidit un peu.

Mon tour arrive. Je tends mes papiers au douanier. Je pensais qu'il aurait l'air surpris en voyant mon passeport français. Mais non. Il le tamponne et me le rend comme un automate. Maintenant, je dois aller chercher mes bagages. Toujours pas de vitre à travers laquelle je pourrais apercevoir ma famille. Je prends mon mal en patience. Je pose enfin tous mes bagages sur un chariot, et j'aperçois une foule qui attend derrière une barrière. J'hésite, j'ai peur de ne pas les reconnaître. Les autres passagers avancent d'un pas décidé. J'ai l'impression d'être la seule à scruter désespérément la foule. En plus, ils se ressemblent tous : petits, bruns, le teint mat...

J'aperçois un homme qui fait un signe de la main. Oui, c'est bien moi qu'il regarde. Il est petit comme les autres, mais encore plus typé indien. Son visage ressemble vaguement à la photo de mon père quand il avait vingt ans. Il porte une chemise verte délavée qui tombe sur un pantalon de toile. Il s'avance vers moi, me serre dans ses bras en me tapotant le dos : « Ah ! C'est incroyable que tu sois là ! ». C'est bien lui. Derrière, arrivent en courant deux petites brunes un peu enveloppées. Apparemment, ce sont mes sœurs, Gabriella et Vanessa. Elles se sont mises sur leur trente et un pour venir m'accueillir. Elles me sautent dans les bras. Je reste de marbre, tandis qu'elles déversent leurs larmes sur mes épaules. Au fond de moi, je suis heureuse de les voir, mais rien ne sort. Ce débordement d'affection me paralyse. Je me laisse prendre dans les bras, toucher, embrasser, mais je me sens sur la défensive. C'est peut-être une façon de me préserver. Pour moi, ce sont encore des étrangers malgré les liens du sang. C'est maintenant que je m'en rends compte. Eux vivent avec mon fantôme depuis vingt-trois ans, alors que moi, je connais leur existence depuis seulement quelques semaines. Je n'ai encore rien vécu avec eux. Tout reste à construire.

Les embrassades continuent. Puis c'est au tour des maris de mes sœurs, de mes cousins, de mes oncles, de mes nièces qui s'accrochent à mon cou en criant « *Tía* ! ». Ça n'en finit plus. Ils sont au moins une quinzaine. Les hommes portent mes bagages, les enfants me tiennent la main... Je suis accueillie comme une star. Moi qui espérais une arrivée triomphale, je suis comblée. Mais il manque quelqu'un à l'appel. Quelqu'un d'essentiel. Où est ma mère ? Je la cherche partout du regard. Mon père ne sait pas pourquoi elle n'est pas là. « Sûrement dans les embouteillages », me dit-il, d'un ton détaché. « Elle devait venir de son côté avec la mère de Fernando. » Je commence à m'inquiéter. Plus tard, j'apprendrai que ma mère adoptive l'avait prévenue que l'avion aurait une heure de retard, ce qui n'était finalement pas le cas. Résultat : maintenant, c'est moi qui l'attends.

Escortée par ma garde rapprochée – où pour une fois, je suis la plus grande parmi les petits ! – nous allons patienter devant l'aéroport. Dehors, il fait nuit. Ma grande sœur me met une de ses filles dans les bras. Toute la famille prend la pose pour la photo. Les flashs crépitent, un de mes oncles filme la scène au Caméscope. Les badauds s'arrêtent devant nous. On se croirait sur les marches du festival de Cannes ! Voyant ma mère arriver au loin, mon père décide de lui faire une blague. Je me retrouve alors encerclée comme au centre d'une mêlée de rugby, de façon à ce qu'elle ne me voie pas. Ma mère s'approche du groupe, essoufflée et désolée d'être la dernière. Elle regarde partout. Inquiète, elle questionne mon père. Tout le monde la regarde en silence jusqu'à ce qu'elle m'aperçoive et crie : « Doriiiiiiis ! ». Elle me serre longuement contre elle, en me répétant : « Je ne t'ai jamais oubliée ». Je suis émue mais je n'arrive pas à lui exprimer ce que je ressens. Je reste sur la défensive.

Ma mère est très élégante. Les cheveux mi-longs, elle porte de fines boucles d'oreilles et un petit gilet blanc. Elle a une classe naturelle, presque étonnante pour une femme de sa condition. Les larmes aux yeux, elle me touche les bras, les épaules, les joues, comme pour s'assurer que je suis bien réelle. « Je croyais que c'était un rêve », me confiera-t-elle dans la soirée. Nous prenons encore quelques photos, cette fois avec ma mère, puis nous nous mettons en quête d'un taxi suffisamment grand pour embarquer toute la smala. Le chauffeur d'une sorte de minibus propose de nous emmener à Lima pour 40 *soles*, la monnaie locale. J'entends quelqu'un rétorquer : « Non, c'est trop cher ! ». Cette somme ne représente pourtant que 10 euros pour une course d'une heure. On est loin de l'escroquerie. Je propose de payer. Tout le monde refuse catégoriquement. Mes sœurs rigolent et m'expliquent qu'ici, on peut marchander les prix. Nous finissons par obtenir un « combi » Volkswagen noir pour 30 soles, dans lequel nous nous entassons tous.

Je me retrouve coincée entre ma mère et ma petite sœur qui donne le sein à son bébé. Il y a un vacarme du diable dans la voiture. On ne s'entend pas parler. Surtout qu'ils parlent vite et fort, et que je ne comprends pas tout. De toute façon, je n'ai qu'une idée en tête : regarder par la fenêtre pour découvrir enfin mon pays. J'entends des klaxons. J'ai l'impression qu'on vient d'entrer sur une grande artère. Je me contorsionne pour trouver un angle de vue dégagé. Dehors, j'aperçois un flot de taxis jaunes, de vieilles Coccinelles, de voitures déglinguées qui roulent à tombeau ouvert sur la route à peine goudronnée. Il y a aussi des minibus de toutes les couleurs où s'entassent des dizaines de personnes. Le long des trottoirs, des lits, des matelas, des canapés, des chaînes hi-fi sont disposés à même le sol. Je m'étonne que les magasins soient encore ouverts, à plus de 22 heures. Au feu rouge, des vendeurs à la sauvette se faufilent au milieu de la circulation pour proposer des bananes, des confiseries, et même du papier toilette ! Ça me paraît surréaliste. Je suis vraiment sur une autre planète.

Le long de la route, j'aperçois quelques maisons en brique rouge, d'autres peintes en bleu, jaune ou vert. Je trouve ça original et tellement plus gai que les façades ternes à la française. Mais je me rends vite compte que la plupart des maisons ne sont pas achevées. Certaines n'ont même pas de fenêtres, des tiges en métal ressortent des étages, du linge sèche sur les toits, quand il y a des toits... Plus nous avançons vers Lima, plus les maisons ressemblent à des maisons. Nous voilà dans le centre de la capitale, la circulation devient encore plus dense. Une odeur de gaz d'échappement et d'essence parfume la ville. Les chauffeurs klaxonnent tous azimuts, sans respecter aucune priorité. Les rues sont noires de monde. J'apprends que Lima compte 9 millions d'habitants !

23 h 30. Le taxi s'arrête devant une belle maison couleur jaune moutarde, dans un quartier résidentiel. Nous voici chez les parents de Fernando, là où une petite fête est prévue en mon honneur. Ils appellent ça *« la bienvenida »* (la bienvenue). Le père de Fernando est à la retraite et sa mère tient une petite boutique d'alimentation générale, juste en bas de la maison. Ils ne sont plus que deux à vivre ici depuis le départ de leurs enfants. Je suis curieuse de découvrir où a grandi mon petit ami. J'entre, tout intimidée, chez mes futurs beaux-parents, toujours suivie par ma garde rapprochée. C'est à peine si je peux porter mon petit sac à dos.

La maison est décorée, il y a des ballons accrochés partout. Dans le salon, trône un immense buffet garni de tapas à base de maïs, de poulet, de poisson : *causa, chicha morada, piqueo de choclo, tirado de pescado...* et un énorme gâteau à la crème sur lequel est écrit : « *Bienvenida CELIN* » ! L'erreur me fait rire. En espagnol, le « e » ne se prononce pas, c'est pourquoi ils l'ont oublié. Je suis touchée par tant d'attentions. Dans la grande salle de séjour, ornée de petits cadres et d'étagères couvertes de napperons, Manuel, le père de Fernando, nous accueille avec un discours. C'est un bel homme, en costume cravate, la cinquantaine, pas très typé. On voit qu'il vient d'un milieu social plus élevé que celui de ma famille, où les hommes portent plutôt le jean et la casquette. Tout le monde l'écoute religieusement :

— C'est un honneur pour nous de t'accueillir ici aujourd'hui, après toutes ces années... Grâce à l'amour que tu as toujours eu pour le Pérou, tu as voulu connaître ta famille... C'est Dieu qui t'appelait ! Portons un toast à Céline !

Nous trinquons, le verre rempli d'un breuvage de couleur rose. Le père de Fernando me lance : « Bienvenue dans ce triste Pérou ! » L'assistance rigole, je ne comprends pas la plaisanterie. Tous les regards se tournent maintenant vers moi. Il va falloir que je fasse un discours. Je suis gênée, je n'ai rien prévu. D'une petite voix timide, je remercie Manuel pour ses recherches et son accueil, ainsi que ses enfants, Maribel, Miliana et Fernando, sans qui je ne serais pas là aujourd'hui. J'écorche quelques mots, en m'excusant de mon accent. Je conclue en m'adressant au père de Fernando : « Ce que vous avez fait pour moi n'est pas peu, c'est grand ! »

Ma mère qui se tient debout, à ma gauche, se met à pleurer. Je suis embarrassée, d'autant que, pour ma part, je n'arrive pas à pleurer. Je la prends dans mes bras et lui susurre dans le creux de l'oreille : « Plus jamais on ne nous séparera ». Elle, entre deux sanglots : « Ça fait si longtemps que j'attends ce moment-là ! » Ça me fait bizarre de devoir consoler ma mère que je connais depuis deux heures à peine. Je ne sais plus quoi lui dire. Nous nous serrons longuement dans les bras sous le regard gêné de mon père assis derrière nous. Il ne dit rien. Que se passe-t-il dans sa tête à ce moment-là ? Se sent-il coupable de ses absences d'autrefois ?

Un air de salsa vient égayer la soirée. La famille trinque à nouveau, les langues commencent à se délier. La mère de Fernando, Teodora, un petit bout de femme à lunettes, me montre la chambre où je dormirai ce soir. C'était celle de Fernando. Je suis émue à l'idée d'y passer la nuit. Il y a juste un grand lit, quelques peluches et une photo de Bruce Lee collée au mur. Avec mes sœurs, nous nous installons sur le lit. Je leur offre leurs cadeaux. Elles sont ravies. Moi qui n'avais jamais eu de sœurs, je découvre avec elles des moments de complicité. On papote entre filles, de tout et de rien, de ma vie à Paris, de Fernando, de ma fille. Elles m'assomment de questions sur mon enfance, mon adolescence, mes amis, mes collègues de bureau... Elles veulent tout savoir ! Malgré les six heures de décalage horaire, je me sens en pleine forme, prête à faire la fête jusqu'à l'aube. Nous discutons, et dansons jusqu'à 7 heures du matin. Je ne veux pas rater une seule minute de cette soirée, ma première soirée dans mon pays.

Le lendemain, j'émerge vers 14 heures. En ouvrant les yeux, je tombe sur la photo de Bruce Lee. L'espace d'un instant, je me demande où je suis. Puis, je me rappelle qu'aujourd'hui, nous devons aller nous promener dans Lima avec les parents de Fernando. Je suis impatiente de visiter la ville. Nous montons tous les trois sur une espèce de moto-taxi qui dévale une grande route en terre. Je ne suis pas très rassurée. Notre carrosse s'arrête en bas de la piste où il faut prendre un taxi. Des « combi », comme celui que nous avons pris la veille, nous passent sous le nez. Quand soudain, un des passagers crie quelque chose en me regardant. J'ai l'impression qu'il me parle, mais je ne comprends pas ce qu'il dit. Je demande à la mère de Fernando de me traduire. Elle se met à rire.

— Mais non, *hijita,* il ne te parle pas à toi ! C'est un crieur qui fait la réclame de son taxi, on appelle ça un *cobrador.*

Un peu plus loin, au feu rouge, j'aperçois des enfants faisant la roue, pieds nus, devant les voitures qui attendent. Le feu passe au vert, les gamins continuent. Teodora m'explique que c'est une façon pour eux de gagner un peu d'argent. Ces gamins sont prêts à se faire écraser pour un ou deux soles ! Décidément, je suis vraiment sur une autre planète...

Je croyais que nous visiterions le centre historique de Lima mais les parents de Fernando ont prévu autre chose. Une surprise. Je me retrouve dans un centre commercial qui n'a rien de pittoresque. Ils ont sans doute envie de me montrer que le Pérou est aussi un pays développé. Nous voilà en train de nous balader comme des touristes dans les allées de la galerie marchande. J'ai hâte de sortir de cet endroit aseptisé, de sentir les odeurs de la ville, d'entendre les bruits, la musique... En attendant, je fais semblant de m'extasier devant les vitrines défraîchies. Je me rends compte que les Péruviens ont dix ans de retard sur la mode européenne. Nous entrons dans un supermarché. J'observe tous les produits avec attention comme dans un musée. Au rayon frais, je tombe sur quelque chose de bizarre, qui ressemble à un hamster sous vide, un rat crevé sous cellophane ! La mère de Fernando m'explique que ça s'appelle un *cuy*, prononcer « couille ». Le nom me fait sourire. C'est une sorte de cochon d'Inde que l'on mange en soupe ou bien rôti, accompagné d'une sauce aux cacahuètes. Un plat traditionnel des Andes, paraît-il. Teodora veut m'en préparer un. Je décline poliment sa proposition, et nous allons au fast-food. De retour chez eux, je n'ai pour ainsi dire rien vu de Lima. Je commence à être impatiente de revoir ma mère. Mais en même temps, je veux profiter de ces quelques jours avec mes beaux-parents. J'ai envie que Teodora m'apprenne à cuisiner quelques plats typiques – tout sauf le *cuy* ! – histoire d'épater Fernando en rentrant.

Deux jours plus tard, ma mère vient me chercher. Nous prenons un vieux taxi jaune tout déglingué pour nous rendre à la Ventanilla, où elle vit, à une heure de route de Lima. Nous quittons le centre et ses embouteillages monstres et longeons l'océan où quelques surfeurs attendent la vague. Le sable de la plage est noir et une épaisse brume masque l'horizon. Puis nous nous retrouvons sur une grande route, celle qui mène à l'aéroport. Les grands immeubles de la capitale laissent place à des maisons inachevées et, encore plus loin, à des baraquements en bois et en tôle. En traversant l'énorme banlieue de Callao, on peut lire sur les murs des habitations et des commerces le nom, écrit à la peinture verte, des candidats aux prochaines élections : « Ollanta presidente » ou encore « ¡ Viva Felix Moreno ! », le maire de la ville. J'imagine que le clientélisme doit être monnaie courante ici. Nous passons devant des raffineries, qui laissent échapper leurs effluves de pétrole. Callao, le premier port de commerce du Pérou, est aussi connu pour ses mines de plomb qui ont intoxiqué bon nombre d'habitants des bidonvilles voisins. Au loin, j'aperçois de grosses montagnes de terre sur lesquelles sont plantées des baraques en bois. Ma mère m'explique qu'on les appelle *los cerros*. Là-haut, vivent les plus pauvres des pauvres. Ne pouvant pas payer les taxes des villes, ils se retranchent dans les montagnes où personne ne s'aventure.

Tout à coup, le taxi quitte le bitume pour un petit chemin de terre bordé par des habitations disparates, en bois, en tôle et en briques. Un vieil homme traverse la route, un tabouret sur le dos, de grands chiens maigres se reposent à l'ombre, des enfants jouent par terre... Le taxi tourne à gauche. Il monte un chemin encore plus étroit. J'ai peur de me retrouver dans un *cerro*. La voiture s'arrête devant une petite maison à la façade blanche. Ouf ! Nous sommes arrivés. Je m'attendais à pire. La maison est en dur, c'est déjà bien. De l'extérieur, on voit seulement une fenêtre condamnée par des barreaux et une petite porte. Devant la maison, les enfants de mes sœurs sont assis sur un pylône en béton qui leur sert de banc. Dès qu'ils me voient, ils me sautent dans les bras. Tout le monde est là pour m'accueillir. Au moins une vingtaine de personnes en comptant quelques voisins curieux de voir à quoi ressemble la Parisienne. Ce jour-là, j'ai plutôt un look de touriste américaine : casquette rose, débardeur blanc, lunettes noires. Mes sœurs, elles, portent les vêtements que je leur ai offerts le jour de mon arrivée. En guise de bienvenue, elles m'offrent des boucles d'oreilles et un collier, mes neveux, eux, m'ont fabriqué de petits porte-bonheur en tissu. Je sors mon appareil photo numérique. Les enfants se précipitent pour être dans le champ. Ils sont surpris de voir leurs têtes apparaître sur l'écran.

J'entre dans la maison. Il fait sombre. Une odeur de terre mouillée me pique la gorge. Je comprends mieux en voyant le sol. C'est de la terre. Il y a donc par endroits des trous et des bosses. En revanche, contrairement à ce que ma mère m'avait décrit au téléphone, il y a bien un toit. Un toit de fortune, certes. En tôle ondulée avec quelques ouvertures comblées par des sacs plastique. Les murs de brique sont peints en vieux rose. Ça donne un air coquet à la pièce principale, qui fait office de salon-salle à manger. Il y a deux petits canapés en velours marron à fleurs, une étagère où trône la télé, recouverte de petits napperons, et une table blanche en Formica.

Un cousin me fait visiter la maison tout en me filmant. Derrière un rideau de plastique, nous arrivons dans une pièce à ciel ouvert qui sert de cuisine et de buanderie. Ma mère se remet aux fourneaux. Son matériel est assez rudimentaire, elle doit pomper une espèce de gazinière pour obtenir une fine flamme. Elle me montre le contenu d'une grosse marmite. Mon père me fait croire que c'est du chat ! Je fais une drôle de tête. En fait, c'est du lapin. Dans la cour, derrière des rangées de linge qui sèche au soleil, il y a un clapier avec un lapin en moins. Mon père poursuit la visite. Au fond de la cour, derrière une cloison en paille, se trouve la « maison » de ma grande sœur Gaby : une pièce avec deux lits où elle vit et dort avec son mari et ses trois enfants. Je me dis que j'aurais pu être à sa place aujourd'hui. Ma mère, elle, dort avec mon père et mon frère dans une autre chambre. Je remarque que les lits et les rares meubles sont surélevés par des briques. Je comprendrais plus tard l'utilité de ces cales. Ma mère lave le sol à grande eau, d'où cette odeur entêtante de terre mouillée.

Mes parents ne sont pas officiellement abonnés pour recevoir l'électricité. Mais ils ont bricolé un branchement sauvage. Alors, quand les équipes de contrôle de la municipalité de Callao viennent traquer les fraudeurs, ils doivent tout éteindre et planquer le transistor, la télé et l'ampoule qui pend au plafond du salon. Ils n'ont pas non plus l'eau courante. Tous les matins, à 5 heures, ma mère remplit son gros baril orange au cul d'un camion qui livre l'eau pour le quartier. En revanche, dorénavant, ils ont le téléphone. Avant mon arrivée, je leur ai envoyé de l'argent pour qu'ils fassent installer une ligne. Malgré les conditions de vie, il règne dans cette maison une atmosphère joyeuse. Les enfants courent partout, les hommes boivent de la bière et rigolent, les femmes papotent en cuisinant, la salsa résonne quasiment en permanence... Je me sens bien ici. Ça me semble être le mode de vie idéal, celui que je recherchais depuis maintenant trois ans.

Nous passons à table. Je m'assois à côté de mon père et de mes oncles. Ma mère sert le riz et la viande dans des barquettes en plastique. Moi, j'ai droit à une vraie assiette. Ne voyant pas de couteau, je lui en demande un. Elle rit. Ici, tout le monde mange la viande avec les mains. Faute de place autour de la table, les autres invités déjeunent sur le canapé ou sur un lit. J'apprendrai plus tard que les quelques chaises présentes ce jour-là ont été empruntées à des voisins. Ma mère ne prend même pas le temps de s'asseoir avec nous, elle est trop occupée à veiller à ce que je ne manque de rien. Le soir, nous nous retrouvons enfin toutes les deux, en tête à tête. Elle et moi dormons dans le même lit, et mon petit frère à côté, dans la même chambre, sur un petit lit. Mon père, lui, est relégué sur le canapé du salon. Mamita me serre contre elle en me disant :

— Combien de fois j'ai rêvé de ce moment-là !

Je ne peux malheureusement pas en dire autant. C'est une drôle de sensation que de me retrouver allongée à côté de cette femme que je connais à peine. Ma mère, pourtant. Je lui demande de me raconter en détail le jour de ma naissance. Elle me décrit les contractions, le branle-bas de combat pour trouver un hôpital, son accouchement... C'est là que j'apprends qu'elle m'a gardée avec elle pendant trois jours à la maternité et qu'elle m'a même allaitée, moi qui croyais n'avoir connu que le biberon. Je veux tout savoir sur ces trois jours. Je lui demande comment elle me parlait, lorsque j'étais un bébé.

— Je te disais que j'allais te laisser dans une crèche, mais que je viendrais te voir tous les jours, et qu'après je te ramènerais à la maison.

Cela m'apaise de connaître enfin les premiers jours de ma vie. Le récit de ces trois journées comble une partie du vide que je ressens depuis mon enfance. Dorénavant, je ne serai plus « X ». Je pourrai raconter le jour de ma naissance. Comme tout le monde. Ce soir-là, je m'endors dans les bras de mamita, comme un bébé. Le lendemain, comme seuls de fins rideaux en plastique séparent les pièces, je suis réveillée à l'aube par des cris d'enfants. Ma mère me fait chauffer de l'eau pour que je prenne ma douche. Mes sœurs me proposent même de me savonner le dos. C'est trop ! Je n'ai aucune envie qu'elles fassent les domestiques. Dans la maison, il n'y a pas de porte, y compris dans les toilettes. Les premiers temps, je suis assez mal à l'aise. Il suffit d'un courant d'air pour que le rideau se lève ! Je fais part de ma gêne à ma mère, qui me propose alors de monter la garde devant la salle de bains. C'est encore pire... Elle est vraiment aux petits soins pour moi. Quand je n'aime pas un plat un peu bizarre comme la soupe au lait et à la viande, elle me prépare mon plat préféré : le *lomo saltado*, du bœuf sauté aux oignons et aux tomates. J'ai envie d'un Coca, elle envoie un de mes neveux m'en chercher un au coin de la rue... Ma mère me traite comme sa petite princesse, mon père m'appelle *su reina* (sa reine) ! Mes sœurs, elles, me taquinent. Elles voient bien que je bénéficie d'un traitement de faveur.

Dans la matinée, mes sœurs m'emmènent faire les courses au marché du quartier. Je suis stupéfaite par les conditions d'hygiène. On voit les mouches tourner autour de la viande sur les étals ! Je m'arrête devant un stand de musique latino. Il y a tout ce que j'aime, de la *salsa*, du *merengue*, de la *cumbia*... J'achète une dizaine de CD. Ils coûtent trois fois rien. Mes sœurs restent bouche bée en me voyant sortir mes liasses de billets. Les enfants comprennent tout de suite. Dès qu'ils voient des jouets ou des bonbons, ils me disent : « *Tía* (tata), achète-moi ça ! *Tía*, achète-moi ci ! ». Ce n'est pas évident, même encore aujourd'hui, de leur expliquer que je ne suis pas si « riche ». Mes sœurs pensent que j'ai la vie facile, que l'argent coule à flots à Paris... J'ai beau leur dire que la vie y est plus chère, que j'ai du mal à boucler les fins de mois avec Lisa, je vois bien qu'elles ont du mal à me croire. Elles doivent s'imaginer que je dis ça pour me mettre à leur niveau. Elles regardent mes vêtements avec envie. Parfois, je perçois une pointe de jalousie. Mes sœurs s'habillent en jogging et en tee-shirts informes. Elles ne sont pas du tout féminines. Je leur organise des séances de relooking, de maquillage, de coiffure. Ça les amuse. À mon départ, cette première fois, je laisserai à chacune d'entre elles une de mes tenues. Je leur ai pourtant acheté des habits neufs, mais elles veulent les miens. À leurs yeux, je serai toujours la fille qui a échappé à la misère.

Dans ce bidonville, mes sœurs ont très peu de chance de s'en sortir. Ici, l'égalité des chances n'existe pas. Elles savent pourtant lire et écrire, mais ça ne change rien. Vanessa, la plus jeune, ne trouve pas de travail. Elle s'occupe de son bébé et vit avec son mari dans une petite bicoque du quartier. Quant à Gaby, elle pointe maintenant au service de propreté de la ville de Callao, avec son mari. En clair, ils sont éboueurs. Pas de masque ni de gants, ils ramassent les ordures à mains nues. Elle nettoie les rues, lui se tue à la tâche dans une décharge. Tous les matins, ils commencent à 5 heures pour gagner, avec les heures sup, l'équivalent de 100 euros par mois. Juste de quoi nourrir la famille. Ma sœur ne se plaint jamais. Le soir, quand elle rentre vers 19 heures, elle s'occupe de ses trois enfants.

Si j'étais restée au Pérou, j'aurais certainement fini comme Gaby. Aujourd'hui, aux yeux de ma famille, je suis LA Parisienne. Ils sont fiers de moi. On me présente comme une star auprès des oncles, des tantes, des cousins et des voisins. Je fais l'animation du quartier. Ici, tout le monde se connaît et s'entraide. Malgré cette ambiance bon enfant, ma mère m'interdit de me promener seule. J'ai toujours un garde du corps, mon frère ou une de mes sœurs. Avec mon allure de touriste, elle craint que je ne me fasse racketter. En fait, le quartier n'est pas si tranquille. J'apprendrai plus tard qu'il est même classé « zone rouge » pour le trafic de drogues. C'est pour cette raison que mamita est toujours angoissée quand Vladimir, mon petit frère, sort seul. Nous passons donc beaucoup de temps à discuter, tous ensemble, à la maison. J'apprends à les connaître.

12. Une famille à adopter

Lors de ce premier voyage au Pérou, et au cours des suivants, mon père de sang se comporte avec moi en bon patriarche, malgré tous les défauts que mamita lui trouve. Il est très protecteur. Il ne tolère pas qu'on touche un cheveu de sa fille, *su reina*. Un jour, un des nombreux cousins que compte la famille a commencé à me faire les yeux doux. Ni une ni deux, mon père l'a mis à la porte à coups de pied aux fesses. Je n'ai jamais revu ce prétendant. Ma mère n'en revient pas de l'attitude de son mari, il ne s'est jamais comporté ainsi avec ses deux autres filles. Mais je ne suis pas dupe. Je sais aussi qu'il s'est remis à boire, et qu'il est souvent absent.

Le fait que mes sœurs et moi soyons toutes les trois mères de famille nous rapproche beaucoup. Cela permet d'effacer nos différences de culture et d'éducation. Alors qu'en France, ma grossesse à l'âge de vingt ans avait été mal perçue, ici je suis dans la norme. Il faut croire que j'ai reproduit inconsciemment les mœurs de mon pays d'origine. Ma sœur Gabriella, que toute la famille surnomme « Gaby », a trois ans de plus que moi et déjà trois enfants. Elle est douce, calme et réservée. Vanessa, de deux ans ma cadette, est plus bourrue et encore un peu immature. Je me sens moins proche d'elle que de Gaby. Cette dernière et moi sommes du même signe astrologique, Cancer. Donc, sentimentales, nostalgiques et très attachées à notre famille. Nous croyons toutes les deux aux signes, aux pressentiments, aux coïncidences... Ma fille a failli s'appeler Sonia, comme l'aînée de Gaby. Son fils cadet, Jefferson, a le même âge que Lisa. Ils mesurent exactement la même taille, 1,04 m, j'ai vérifié. Et ils s'entendent à merveille, comme je le constaterai dès mon second voyage au Pérou.

Nos discussions entre sœurs me permettent de poursuivre mon enquête sur moi-même. Je suis avide d'apprendre le moindre renseignement qui pourrait venir consolider mon histoire. Je demande à Vanessa et Gaby si elles connaissaient mon existence avant que je ne retrouve ma mère. En fait, elles n'ont entendu parler de moi qu'à respectivement douze et dix-sept ans. Ensuite, Vanessa l'a dit à mon petit frère quand il avait huit ans. Je suis un peu étonnée qu'elles l'aient appris si tard. Ma mère avait préféré attendre qu'elles soient suffisamment matures. À l'époque, mes sœurs l'avaient évidemment bombardée de questions. Gaby et Vanessa s'étaient alors mises en tête de me retrouver. En cachette, elles concoctaient des plans pour venir chercher la petite « Doris » en France. Faute d'argent, elles ont fini par se résigner. Mais elles voulaient que l'on fête mon anniversaire comme pour les autres membres de la famille. Ce serait le même jour que celui de Gaby, qui est du 15 juillet et moi du 14. Elles appelaient ça les « 14-15 ». À cette occasion, toute la famille faisait des prières pour que je revienne ou simplement pour que je me porte bien. Vladimir, mon petit frère, se souvient d'une prière qu'il avait faite un soir avec ma mère, juste avant que je ne les retrouve. C'est pourquoi mamita a cru à un miracle quand j'ai réapparu !

Ma mère et Vladimir sont inséparables. Mon frère est très câlin avec elle. Du haut de ses treize ans, il tente de la protéger. « Vladi » a sans doute manqué de la présence d'un père et du confort matériel mais jamais de l'amour de sa mère. Résultat, c'est un garçon très démonstratif et affectueux, ce qui est rare chez les ados et encore plus chez les Latinos. Au début, il voulait toujours me tenir la main, me faire des bisous... Cela m'énervait un peu, à vrai dire. Maintenant, j'apprends à le connaître. C'est un garçon très sensible. Je discute avec lui de l'école, de ses camarades. À onze ans, il est plutôt bon élève d'ailleurs. Il veut devenir ingénieur en informatique. Seulement, j'ai peur pour son avenir, peur qu'il ait de mauvaises fréquentations, peur qu'il finisse comme les autres délinquants du quartier, à revendre de la drogue. Surtout qu'il est dans une école publique, et qu'au Pérou, seuls les établissements privés permettent d'obtenir le concours d'entrée à l'université. Mes sœurs ont suivi leur scolarité jusqu'au lycée, mais aucune d'entre elles n'a pu pousser ses études jusqu'à l'université. Pour elles, c'est malheureusement trop tard. Je ne souhaite pas que mon petit frère gâche ses chances. Je me dis qu'il serait mieux dans un collège privé. J'en parle à ma mère mais elle n'a évidemment pas les moyens de le lui payer.

Enfant, Vanessa avait une amie imaginaire. Elle parlait et jouait sans cesse avec « une petite fille », comme si c'était sa poupée. Très superstitieuse, mamita croyait que Vanessa entendait des voix et que ces voix provenaient de mon esprit. Par moments, elle imaginait donc le pire : ma mort. Tourmentée par cette idée, ma mère questionnait Vanessa pour savoir ce qu'elle entendait. Mais ma sœur n'avait aucune envie de révéler les secrets qui la liaient avec son amie imaginaire. Bizarrement, ses « voix » ont cessé dès l'instant où elle a découvert mon existence. Ma mère s'est alors sentie rassurée, c'était pour elle la preuve que j'étais en vie. J'ai beau être moins superstitieuse, la coïncidence me trouble. Vanessa et moi n'avons que deux ans d'écart. Je me dis qu'elle devait sans doute ressentir mon absence comme un manque affectif. Ça me donne l'impression d'avoir été sans le savoir une sorte de fantôme qui hantait la maison... En revanche, ce qui est drôle, c'est que de mon côté, pendant mon enfance, je jouais avec une poupée que j'avais surnommée Vanessa. Sauf qu'elle n'était pas du tout mon amie, mais plutôt ma tête de Turc ! En fait, je l'avais baptisée ainsi car c'était le prénom de la meilleure de la classe, en CE2. Cette petite brune m'exaspérait avec ses couettes et ses grands yeux bleus qui faisaient craquer les garçons. J'étais très jalouse. Je me défoulais ainsi sur son double en chiffon. Quand je jouais à la maîtresse, Vanessa était la poupée cancre. Je la grondais et l'envoyais au coin.

J'aime écouter mes sœurs me raconter leur enfance. Je m'imagine à leur place si j'avais grandi ici. Bien entendu, tout n'a pas été rose, elles ont connu le froid, la faim, la terre sous leur lit alors que moi j'ai vécu comme une princesse dans ma petite chambre surchauffée, décorée par mon papa. Mes sœurs me montrent leurs vieux albums photos. Elles me disent : « Là, c'est la tante Chavelita, là, l'oncle Leonardo, là le cousin Rodolfo... ». J'ai parfois du mal à réaliser que je fais partie de cette famille. Ensemble, nous n'avons pas de passé commun, pas de souvenirs. Il faut les construire au jour le jour et en très peu de temps. Mes sœurs sont curieuses de connaître ma vie à Paris. Elles adorent comparer des petits détails qui pour moi ont peu d'importance. Un jour, elles m'ont demandé s'il y avait des *cobradores* (des crieurs) dans les bus parisiens ! Vanessa et Gaby s'amusent d'un rien. Elles sont très taquines : un mot mal prononcé, une expression utilisée à contresens ou un tic, les fait hurler de rire. Elles me surnomment « Oui-Oui », comme tous les autres Français. Je sais que leurs plaisanteries ne sont pas méchantes, mais parfois, je ne saisis pas toutes les nuances en espagnol. Alors ma mère, qui n'est jamais très loin, prend ma défense. Elle me protège comme son bébé, ce qui fait doublement rire mes sœurs qui me traitent aussitôt de « chouchoute » !

Ma mère, elle, ne s'arrête jamais. En vivant au quotidien avec elle, je me rends compte que sa vie est harassante. Comme une fourmi, elle s'agite sans cesse pour faire tourner sa maisonnée. Sa journée est réglée comme du papier à musique. Le matin, elle s'occupe des trois enfants de Gaby et de mon petit frère. Après les avoir lavés et fait manger, il faut coiffer les filles avec de petits nœuds en satin bleu ciel et habiller les garçons avec l'uniforme bleu marine de rigueur dans les écoles publiques. Ensuite, elle va au marché et prépare le repas pour les enfants qui finissent l'école à 13 heures. L'après-midi, entre deux tournées de linge, le salon se transforme en salle d'études. Ma mère qui a été scolarisée jusqu'au bac, aide les quatre enfants à faire leurs devoirs. Cela va du CP à la sixième. Elle est d'une patience infinie et s'occupe d'eux un par un, exercice par exercice. Mamita me fait penser à ma mère adoptive quand elle était assistante maternelle dans notre petit village. Elle sait aussi se montrer ferme quand il faut. Si un enfant rêvasse au lieu de travailler, ma mère lui dit : « Qu'est-ce que tu veux faire plus tard ? Nettoyer le caca des chiens ou être un grand avocat ou un médecin ? » En général, l'intéressé se remet aussitôt au travail. Le problème, c'est que même en poursuivant leurs études, mes neveux et mon frère ont très peu de chance de devenir un jour médecin ou avocat. Mamita se bat pour eux comme elle l'a fait pour ses deux filles, dans l'espoir qu'ils aient un avenir meilleur. Avec elle au moins, ils auront appris la politesse, le respect et le partage, des valeurs qui ne sont pas réservées aux riches. Quand elle ne s'occupe pas des enfants, Mamita fait le ménage, la vaisselle, recoud des vêtements, repasse les uniformes des garçons, sans compter le linge qu'elle doit laver pour gagner quelques soles. Je suis gênée de la voir courir tout le temps. Ses yeux sont toujours inquiets, à l'affût de la prochaine tâche à accomplir. Parfois, elle a l'air si triste. Elle me fait de la peine. J'aimerais pouvoir me fondre dans sa vie.

13. Les secrets de mon enlèvement

Un soir, lors d'une conversation, mamita me fait une révélation. Juste avant, elle n'a cessé de pleurer et de s'excuser : « J'étais vraiment naïve à cette époque ». Elle me répète que toute sa vie, elle s'en voudra d'être ainsi tombée dans les griffes des Mendoza. Mamita est aussi en colère contre mon père. Elle lui reproche de ne pas avoir été présent au moment où elle avait le plus besoin de lui. « S'il n'était pas parti, jamais je ne t'aurais mise dans la "crèche" des Mendoza ! », dit-elle, encore amère. Elle ajoute autre chose. Près d'un mois après ma naissance, alors que mamita était encore sous le choc de ma disparition, mon père est réapparu comme par enchantement. À cette époque, ma mère était retournée vivre chez sa mère qui tentait de la consoler. Elle compensait mon absence en reportant toute son affection sur ma sœur Gaby. Malgré tout ce qu'elle reprochait à mon père, elle l'aimait encore. Depuis des mois, elle priait pour qu'il revienne. Et quand il est réapparu, elle s'est laissé reconquérir. Mais dorénavant, elle ne comptait plus se faire avoir. Elle voulait qu'il paye pour ses erreurs passées.

C'est pourquoi elle a inventé une histoire sordide : elle lui a dit que j'étais morte ! Que j'étais née gravement malade et n'avais pas survécu. Ma mère a du mal à me confesser ce terrible mensonge. Il est vrai que cela me fait un choc d'apprendre ça. À l'époque, en apprenant la fausse nouvelle, mon père s'est effondré. Il implora le pardon de ma mère, et voulut aller prier sur ma tombe. Prise à son propre jeu, ma mère a dû l'emmener au cimetière de Lima, devant le caveau de sa famille. « J'avais honte, me dit-elle. Je priais toutes les nuits pour que le Seigneur me pardonne ce mensonge. » Elle ne pouvait plus garder ce secret. Quelque temps après, elle lui a tout avoué. Puis ma sœur Vanessa est née. Et mon père s'est remis à boire.

Un soir, ma mère me fait une seconde révélation. Elle me montre un petit bout de papier jauni qu'elle a conservé précieusement dans une boîte à chaussures depuis vingt-deux ans. C'est une convocation de la police de Lima qui date du 13 août 1982. Le jour où elle a reçu cette lettre, elle n'avait plus aucun espoir de me retrouver. Voici deux ans qu'elle attendait des nouvelles de la police. Depuis qu'elle avait porté plainte, à la fin du mois de juillet 1980, elle n'avait cessé de rappeler les policiers pour savoir où en était leur enquête. Au début, elle se rendait fréquemment au commissariat. On lui répondait invariablement : « L'enquête suit son cours ». Cela ne m'étonne guère. Au Pérou, je me suis rendu compte combien les disparitions d'enfants étaient fréquentes. Quasiment tous les jours, j'entendais à la radio qu'un enfant avait été enlevé, soit pour lui prélever ses organes, soit pour l'exploiter dans un réseau de prostitution, soit pour le vendre à des Européens. Pour les policiers, c'était la routine. Alors, une plainte de plus ou de moins, ça ne changeait pas grand-chose.

Le 13 août 1982, j'avais deux ans et gambadais sans doute dans le jardin de mes parents à Quincy-sous-Sénart dans l'Essonne. Ce jour-là, à Lima, des policiers annonçaient à ma mère que j'avais quitté le Pérou. Ils lui montrèrent des centaines de photos de bébés. Des enfants probablement adoptés à cette époque. Et sur l'une d'entre elles, elle me reconnut. C'était la photo de mon passeport, celle que j'ai dans mon dossier rouge. Les policiers lui apprirent que j'avais été adoptée et que je vivais en France. Ma mère ne comprenait pas. Jamais elle n'avait voulu m'abandonner. Comment les Mendoza avaient-ils pu me faire adopter ? Un enquêteur lui assura qu'ils avaient son consentement. Elle nia catégoriquement. Jamais elle ne l'avait donné. Les policiers, suspicieux, lui demandèrent si elle n'avait pas reçu de l'argent des Mendoza. Elle réfuta à nouveau, expliquant qu'ils lui avaient juste remboursé ses trajets en bus et que, de temps en temps, ils lui donnaient des paniers de nourriture. Les policiers finirent par la croire. Soudain, elle repensa à ce papier blanc signé à la hâte dans le taxi, en sortant de la maternité. Luz lui avait dit qu'il fallait sa signature pour que je puisse être admise à la crèche. Les policiers lui expliquèrent que ce papier avait dû être falsifié par la suite. Avec sa signature, les Mendoza n'avaient plus qu'à remplir la feuille. Cela devenait l'acte d'abandon, une pièce indispensable pour l'adoption. Ma mère était atterrée. Elle avait pourtant tout imaginé : trafic de drogue, trafic d'organes, réseau de prostitution... Mais, jamais, elle n'avait songé à l'adoption internationale !

Deux jours après, nouvelle convocation de la police. Les enquêteurs lui révélèrent qu'elle n'était pas la seule mère à avoir été victime de ce trafic d'enfants. Les policiers avaient entendu une vingtaine de femmes qui racontaient toutes la même histoire : elles étaient pauvres, célibataires, enceintes ou jeunes mères, elles avaient demandé de l'aide aux Mendoza qui leur avaient fait signer un papier blanc pour mettre leur enfant en crèche et elles ne l'avaient jamais revu...

Depuis qu'elle savait que j'étais en France, ma mère reprenait espoir. Elle se disait qu'elle avait peut-être une chance de me retrouver. Mais où chercher en France ? Les policiers disaient ne pas savoir où je vivais. Un jour, à la télévision, elle vit une publicité où un homme proposait ses services pour retrouver des personnes disparues dans le monde entier. Ma mère se précipita dans une cabine téléphonique. Au bout du fil, l'homme se présentait comme un détective privé. Il lui demanda 300 soles d'avance. Autant dire une fortune pour elle. Cela représentait des mois entiers à laver le linge de ses patrons, sans compter qu'elle devait nourrir sa famille en attendant. Elle abandonna l'idée de l'enquêteur privé. Mais elle essayait de mettre de l'argent de côté, dans l'espoir secret de pouvoir se payer un jour le voyage jusqu'en France. Peu de temps après, les policiers de Lima l'ont recontactée. Toute la famille Mendoza venait d'être arrêtée. Une confrontation a alors été organisée entre Luz Mendoza, qui était incarcérée à la prison des femmes de Lima, et ma mère. Elle appréhendait cette rencontre. Elle avait peur de revoir celle qui l'avait trahie. Luz nia tout en bloc, jusqu'à connaître ma mère. Le procès des Mendoza eut lieu deux ans plus tard. Comme la plupart des femmes victimes de ce trafic, ma mère ne put se payer les conseils d'un avocat. Ce qui ne l'a pas empêchée d'assister à toutes les audiences au tribunal correctionnel de Lima.

En me racontant cela, mamita ressort de son placard quelques coupures de presse de l'époque, conservées avec précaution. Sur la photo d'un article, on l'aperçoit, assise sur un banc du tribunal, au milieu des autres mères. On dirait une petite fille, complètement perdue. Dans ces articles, les journalistes évoquent le chiffre de vingt-cinq, voire trente enfants vendus à l'adoption internationale par les Mendoza ! Je découvre alors que la majorité d'entre eux ont été adoptés par des Français. Je n'en reviens pas. En France, il y a donc une vingtaine d'enfants qui ont été enlevés, comme moi, à leur famille péruvienne. Ils doivent avoir à peu près mon âge. Peut-être les ai-je déjà croisés dans la rue, à Paris ? Je me demande s'ils sont au courant ? Je pense à Julia, ma copine d'enfance, qui a été adoptée, comme moi, par l'intermédiaire des Mendoza. Elle aussi serait une enfant volée ?

Je me replonge dans le récit de ma mère que les articles de presse viennent confirmer. À l'issue de ce procès de première instance, les quatre membres de la famille Mendoza ont été condamnés à vingt-cinq ans de prison[1].

---

1. Par une décision judiciaire prise deux ans plus tard, les époux Mendoza et leurs deux filles ont été libérés. Officiellement, ils sont donc innocents.

Mamita était soulagée que leur crime ne soit pas resté impuni, même si ça ne lui ramenait pas sa fille. Il était prévu que chaque mère à qui un enfant avait été volé soit dédommagée d'un montant de 3 000 dollars. Mais cet argent, ni ma mère ni aucune autre femme n'en a jamais vu la couleur. Mamita, qui était devenue méfiante, craignait encore des représailles de la part des Mendoza. Au point que, vingt ans plus tard, lorsque mon oncle Eduardo lui annonça que je la recherchais, elle prit peur. Elle pensait que c'était un guet-apens monté par eux pour se venger. Elle n'était toutefois pas certaine qu'ils soient encore incarcérés. Logiquement, vu leur peine de vingt-cinq ans infligée en première instance, ils auraient dû rester en prison jusqu'en 2007. Jusqu'à aujourd'hui. À moins que...

J'ai besoin d'en savoir plus. Ma mère ne dispose que de quelques articles, je suis persuadée que je peux en trouver d'autres. Elle m'accompagne à la grande bibliothèque de Lima, où sont archivés tous les journaux. Nous passons la journée à fouiner dans les archives. Je réalise alors l'ampleur de l'affaire. Elle a fait la une des quotidiens nationaux. C'est, semble-t-il, le plus important trafic d'enfants jamais démantelé au Pérou. Je trouve des dizaines d'articles. Les plus anciens remontent à 1981, avant même l'arrestation des Mendoza. Je découvre d'autres témoignages de mères victimes. Il y a aussi des photos d'elles et de leurs bébés avant qu'ils ne se fassent enlever. Ca me fait de la peine de voir leur détresse et de lire leurs histoires, d'autant plus qu'elles ressemblent étrangement à celle de ma mère. Les victimes avaient toutes le même profil : elles venaient des quartiers les plus pauvres de la banlieue de Lima, notamment du *pueblo joven* Villa Salvador, un bidonville autogéré, et des bas-fonds de Callao. La plupart étaient « indigentes, seules ou abandonnées, probablement ingénues, certaines étaient analphabètes, d'autres ignorantes », écrit un journaliste. Évidemment, on s'en est pris aux plus faibles. Je note le nom des mères citées dans l'article sur un petit carnet. Il y en a une dizaine. Quelques prénoms d'enfants volés sont également cités.

Un article raconte comment ces femmes se sont fait abuser. Luz Mendoza leur avait dit, comme à ma mère : « Signez ces papiers, ne vous inquiétez pas, on les remplira après. C'est pour enregistrer l'entrée dans la pouponnière. Ils sont très exigeants là-bas. » Là-bas ? Personne ne savait où se trouvait cette fameuse pouponnière. Et si elle n'existait pas, où pouvaient bien être gardés les enfants avant d'être adoptés ? Certaines mères avaient été « recrutées » directement dans la rue. Luz et ses filles distribuaient des tracts aux femmes enceintes dans les bidonvilles. Dans un article, on peut voir la reproduction d'un de ces tracts. Dessus, il y a un petit dessin, où figurent deux femmes tenant la main d'un enfant. Il est écrit :

« *Institution bienfaisante San Benito de Palermo.*

MÈRES CÉLIBATAIRES ET ABANDONNÉES :

Nous te donnons notre aide directe, depuis ta grossesse : accouchement, médicaments, un mois de lait pour ton enfant, pendant que tu te réinsères dans le monde du travail. Si tu n'as pas de foyer pour ton enfant, nous avons une CRÈCHE. Viens nous rendre visite pour en savoir plus à notre adresse : Miguel Daso, n° 144,

2e étage, San Isidro, Lima. Ouvert de 6 heures à 19 heures. »

Je comprends mieux pourquoi les Mendoza s'adressaient directement aux femmes enceintes. Ainsi, ils étaient sûrs de pouvoir proposer des enfants en bas âge à leurs partenaires étrangers. Les adoptants préfèrent toujours les bébés. Je sursaute à la lecture d'un autre article qui répertorie les critères des tarifs pratiqués par les Mendoza : « 3 000 dollars pour un enfant métis, brun ou typé, et jusqu'à 5 000 dollars pour un enfant blanc » ! Ces chiffres me font froid dans le dos. Moi qui suis typée indienne, j'ai été vendue pour seulement 3 000 dollars !

Dans les articles que j'ai sous les yeux, les journalistes emploient souvent le mot « commerce » pour définir ce trafic : « Cet inqualifiable commerce d'enfants », « Ce commerce d'humains »... Ce mot me choque, mais comment l'appeler autrement ? En fin de compte, les Mendoza ont ni plus ni moins fait du commerce avec nos vies. À leurs yeux, nous n'étions qu'une vulgaire marchandise ! Luz Mendoza, la directrice de la fausse crèche, admet dans un article avoir « vendu SEULEMENT 20 enfants à des adoptants européens ». Elle reconnaît même avoir touché entre 3 000 et 5 000 dollars pour chaque vente. Cela correspond aux prix de nos vies. Je me demande ce qu'elle a bien pu faire de tout cet argent. Elle parle aussi d'un juge pour enfants de Callao qui signait les adoptions. Ce juge de quarante-six ans s'appelle Felix B. Son nom ne m'est pas inconnu. Et pour cause, c'est lui qui a signé le jugement de mon adoption. J'ai lu son nom à plusieurs reprises dans mon dossier rouge. Il était donc corrompu et signait aveuglément les demandes d'adoption que les Mendoza déposaient sur son bureau. Ainsi, tout devenait légal. Ce juge avait même la réputation d'être « l'homme qui fait les adoptions les plus rapides du pays ». Évidemment, il ne prenait pas le temps de rencontrer les candidats à l'adoption ni les mères qui étaient censées abandonner leur enfant. Ce juge touchait jusqu'à 1 000 dollars pour chaque dossier, en clair pour chaque enfant volé. Étaient aussi évoqués dans l'affaire son secrétaire, son greffier ainsi qu'un avocat. Ils ont tous été arrêtés en novembre 1982 pour le délit de corruption de fonctionnaires.

Les enfants péruviens ayant été adoptés dans plusieurs pays, le juge d'instruction chargé du dossier avait demandé une enquête à Interpol. Dans un article intitulé « Interpol à la recherche de 26 enfants », j'observe que l'enquête a conclu que la majorité des enfants avaient été localisés en France. D'autres se trouvaient en Hollande, aux États-Unis et aussi en Suisse. À la fin du procès, une dizaine de mères, y compris la mienne, s'étaient regroupées afin de demander l'annulation des adoptions frauduleuses et le rapatriement de leurs enfants au Pérou. « Faut-il rapatrier ces enfants qui sont partis depuis plus de quatre ans, qui ont appris une autre langue, une autre culture... Faut-il que ces enfants retournent dans la misère ? », s'interrogeait un éducateur péruvien, dans un article. La réponse des pouvoirs publics fut négative. L'enquête d'Interpol ayant constaté que nous étions à présent bien intégrés dans nos familles adoptives, les autorités péruviennes refusèrent notre rapatriement.

La lecture de toutes ces archives suscite en moi beaucoup d'interrogations. Le trafic avait apparemment duré deux ans, de 1980 à 1982, date de l'arrestation des Mendoza. Je me demande pourquoi la police n'a pas réagi plus tôt. Pourquoi n'a-t-elle pas enquêté dès le dépôt de plainte de ma mère, qui devait faire partie des premières victimes, en 1980 ? Bizarrement, en France, rien n'a filtré. Les autorités hexagonales n'étaient-elles pas au courant de cette enquête et de celle d'Interpol ?

J'apprends dans un article que sans les révélations d'un journaliste de *La República* – un quotidien de gauche –, le trafic n'aurait sans doute jamais été démantelé. Les investigations de la police ont en effet débuté en 1981 suite à une enquête réalisée par Ismaël Léon. Le nom de ce journaliste revient souvent. Je note son nom sur mon petit carnet. Il pourra peut-être me servir. Dans un de ses articles, Ismaël Léon parle de « Rayon de soleil », l'association française qui a servi d'intermédiaire pour mon adoption. Afin de prouver son innocence, Luz Mendoza avait montré au journaliste des documents émanant selon elle de Rayon de soleil. Luz affirmait être « la représentante officielle » de cette association française. On peut d'ailleurs voir à côté de son article l'extrait d'une lettre avec l'en-tête de Rayon de soleil, adressée à l'institution « San Benito de Palermo ». Par la suite, la justice a pu prouver que la famille Mendoza avait fourni 21 enfants à l'organisation française ! Mais comment Rayon de soleil a-t-elle pu ignorer ce qui se passait durant deux ans ? Ses dirigeants n'ont-ils pas demandé de renseignements sur les familles biologiques avant de procéder aux adoptions ? Comment le deuxième organisme d'adoption français a-t-il pu collaborer avec San Benito de Palermo, alors que cette association n'avait aucune existence officielle ? Je ne sais plus quoi penser. Jusqu'ici, je croyais innocemment que les responsables de l'organisation française s'étaient fait piéger, tout comme mes parents. Dorénavant, je me demande s'ils étaient au courant des méthodes d'action des Mendoza, ou bien s'ils avaient commis une simple négligence ? Cela dit, s'ils avaient découvert le pot aux roses au moment de l'arrestation des trafiquants, en 1982, pourquoi n'avaient-ils pas averti les familles adoptives concernées ? Il faut que je tire ça au clair. En rentrant en France, j'irai les voir. Je photocopie tous les articles afin de garder des preuves.

Mon séjour au Pérou touche à sa fin. Cette semaine a été riche en découvertes, mais évidemment trop courte. Je promets à ma nouvelle famille de revenir la voir prochainement. Désormais, je suis prête à leur consacrer plus de temps. Ils ne sont plus des étrangers pour moi. En quelques jours, je me suis attachée à eux. Je les ai pour ainsi dire « adoptés ». Tout le monde m'accompagne à l'aéroport. Les au revoir sont déchirants, surtout pour ma mère qui n'arrête pas de pleurer. Les larmes me montent aux yeux à mon tour. Ils ont réussi à me transmettre leurs émotions. En l'espace d'une semaine, les liens du sang se sont ressoudés. Ça me fait de la peine de les laisser. Je repense à toute cette misère. J'ai l'impression de les abandonner à leur sort dans ce « triste Pérou ». Maintenant, je ne peux plus ignorer leurs conditions de vie. Je culpabilise de retourner à ma petite vie confortable. C'est à ce moment-là que je décide de les aider financièrement. Je vais au moins leur faire installer l'eau courante et l'électricité, et donner à mon frère une chance de s'en sortir en l'inscrivant dans un collège privé.

14. Ce « triste Pérou »

Au Pérou, j'ai pris conscience pour la première fois du sens du mot « pauvreté ». Au bout de quelques jours, j'ai remarqué que les membres de ma famille ne mangeaient qu'un vrai repas par jour, à midi. Le soir, ils font ce qu'ils appellent un « lunch », quelques morceaux de pain plus ou moins rassis trempés dans du lait. Alors que moi, j'avais droit à un vrai dîner préparé par mamita. Les autres faisaient mine de ne pas avoir faim. Quand j'ai découvert la supercherie, je suis allée au marché acheter suffisamment de nourriture pour que tout le monde mange à sa faim. Ma mère a huit bouches à nourrir avec seulement deux salaires, ceux de Gaby et de son mari, qui sont éboueurs. Vanessa, elle, ne trouve pas de travail. Je lui ai acheté une « marchande » ambulante pour qu'elle aille vendre des sandwichs.

On ne s'habitue pas à la pauvreté. Sans parler de la vie dehors. En France, quand on croise un SDF dans la rue, on détourne le regard, puis on oublie. Ici, tout le monde est pauvre, c'est la norme. Je ne peux pas l'occulter. Dans le quartier, il y a des dizaines de chiens errants. Avec leur allure de lépreux, ils boitent à force de se faire renverser par les voitures qui ne s'arrêtent pas sur leur passage. Le pire, ce sont les enfants abandonnés dans la rue. Ici, je suis sans cesse renvoyée à ma condition. Il y a des choses que je m'interdis. Une fois, par exemple, je voulais aller faire cirer mes chaussures, à cause de la terre qu'on transporte partout dans la maison. À chaque carrefour, des *cholitos* (métis) comme on les appelle, proposent leurs services à des « riches » qui lisent fièrement leur journal sur un siège surélevé, pendant qu'on leur cire les « pompes ». J'ai hésité avant de monter sur ce « trône », j'avais peur qu'on me prenne pour quelqu'un d'arrogant. Puis je me suis souvenue d'où je venais. J'ai rebroussé chemin.

En passant plus de temps au Pérou, j'ai découvert que les conditions de vie de ma famille n'étaient pas les pires. Un jour, Vanessa m'a emmenée rendre visite à une famille voisine, la plus pauvre du quartier. Ils vivent dans un cabanon tout près de la maison. L'aînée, âgée de quatorze ans, s'est retrouvée enceinte, après avoir été violée par son beau-père. La mère, elle, a déjà quatre enfants, dont un bébé de quatre mois. En entrant dans leur bicoque en bois, j'ai cru suffoquer. Une odeur de terre mélangée aux excréments de poules – qui vivent dans la maison – m'a pris la gorge. Je n'avais jamais vu pareil cloaque. À côté, la maison de ma mère semble luxueuse. Ils cohabitent à cinq dans cette unique pièce et dorment à même le sol, au milieu des poules. Bien sûr, ils n'ont ni eau ni électricité. Je ne pouvais rester impuissante face à cette misère. Je suis alors partie acheter de l'eau de Cologne, du shampooing, et des habits neufs pour la dernière-née de la famille. J'ai emmené le bébé chez mamita, l'ai lavé, habillé, parfumé avant de le remettre à sa mère, tout propre. C'est mon côté « mère Térésa », je le tiens de ma mère adoptive. Jusqu'ici je n'avais pas eu l'occasion de le mettre en pratique.

À défaut de pouvoir sauver tout le Pérou, j'essaye d'améliorer le quotidien de ma propre famille. Pour mon premier voyage, ma famille française m'avait remis une enveloppe de 1 000 euros. Nous nous sommes alors rendus dans un centre commercial de Lima pour acheter de quoi aménager la maison avec tout le confort moderne : une véritable gazinière, un micro-ondes et un rice-cooker pour aider ma mère en cuisine, des chaises pour huit personnes – car il n'y en avait que deux –, un lecteur de DVD... C'était Noël pour eux !

Lors d'un autre séjour au Pérou, j'ai emmené Gaby faire les magasins à Lima, et lui ai offert une nuit à l'hôtel. Sa première nuit d'hôtel ! Elle était éblouie par le luxe de l'établissement, qui était pourtant assez basique. Au petit déjeuner, elle était impressionnée par le nombre de viennoiseries qu'on lui servait, et surtout par un chanteur argentin qui prenait son café à la table d'à côté. C'était Léo Dan, une vedette de variétés, apparemment aussi célèbre en Amérique latine que notre Johnny national. De retour dans notre chambre, ma sœur m'a demandé à quoi servait ce grand bac dans la salle de bain. Elle n'avait jamais vu de baignoire et n'en comprenait pas l'utilité. Je lui ai alors fait couler de l'eau bien chaude, avec plein de mousse, pour qu'elle puisse savourer le premier bain de sa vie. Ensuite, je l'ai pomponnée, maquillée, habillée avec une de mes tenues, sa préférée : une longue jupe de gitane. On aurait dit mon double. Si je n'avais pas été adoptée, j'aurais sans doute eu une vie semblable à la sienne.

Lors de mon dernier séjour là-bas, j'ai remarqué que son mari, Johnny, était particulièrement maigre et toussait beaucoup. Comme je sais qu'ils ne vont jamais chez le médecin, je leur avais laissé un peu d'argent pour que Johnny aille faire des analyses de sang. Mais, je voyais bien qu'il n'osait pas me donner les résultats. J'ai appris par ma mère qu'il avait le sida, ainsi que ma sœur. Par chance, leurs trois enfants ne sont pas contaminés. Johnny se rappelait avoir été piqué par une seringue trois ans auparavant, en ramassant les ordures dans le cadre de son travail. Aujourd'hui, ses jours sont comptés. Il ne peut pas se payer de trithérapie ni porter plainte contre son employeur qui les fait travailler à mains nues dans la décharge. Plusieurs de ses collègues ont également contracté la maladie. Ma sœur est pour l'instant séropositive, son état est stationnaire. Le médecin qui la suit trouve qu'elle résiste plutôt bien au virus. Mais, je sais qu'un jour, elle ne sera plus là. C'est pourquoi je profite de chaque instant passé avec elle.

15. Des nuages sur « Rayon de soleil »

De retour de mon premier voyage au Pérou, je suis heureuse de retrouver ma fille et mes parents. J'ai envie de les serrer très fort dans mes bras, de les embrasser, de leur dire que je les aime... Je n'y parviens pas. J'aimerais être aussi démonstrative que les Péruviens, mais j'ai peur de les choquer. Ça n'est pas dans nos habitudes. Nous passons le week-end ensemble. Lisa est contente de retrouver sa maman. Elle devait sentir que j'étais perturbée ces derniers temps. Cela me fait du bien de retrouver mes repères, mon petit confort. Mes parents me bombardent de questions sur ma famille péruvienne. Ils veulent que je leur raconte mon séjour heure par heure. Ma mère est très curieuse de connaître mamita, qui à son tour lui a écrit. Dans cette lettre, elle remercie mes parents – et Dieu, bien sûr ! – pour tout l'amour et l'éducation qu'ils m'ont donnés. Je sens ma mère soulagée que mamita n'éprouve ni rancune ni jalousie à son égard. Je commence à me rendre compte que ma vie est ici, en France. Que ma vraie famille, c'est eux. J'ai eu besoin de faire tout ce périple jusqu'à l'autre bout du monde pour en prendre conscience.

Pendant le week-end, je montre à ma mère les articles récupérés à la bibliothèque de Lima. Elle est stupéfaite de découvrir les coulisses de ce trafic d'enfants. Ma mère est comme moi, elle a tendance à ne pas envisager le mal. En lisant un article qui évoque Rayon de soleil, elle se souvient qu'en 1983, elle avait recontacté cette association pour adopter un autre enfant péruvien, et qu'on lui avait dit que ce n'était plus possible, que les frontières avec le Pérou étaient désormais fermées. Effectivement, en 1983, il n'y a eu aucune adoption entre la France et le Pérou. Mais à l'époque, on s'était bien gardé de lui donner la raison, à savoir l'arrestation des Mendoza. Un autre détail lui revient à l'esprit. Quelque temps après, son oncle lui avait parlé d'un trafic d'enfants au Pérou. Il avait lu cette information dans un grand quotidien français. Sur le coup, mes parents n'avaient pas fait le rapprochement. Ma mère fait soudain le lien avec cette subite fermeture de frontières. Bien entendu, elle ne croit pas que le deuxième organisme français d'adoption est directement impliqué dans ce trafic. Les Mendoza avaient probablement caché à ses dirigeants la véritable provenance des enfants. Mais puisque l'association a arrêté les adoptions avec le Pérou en 1983, il y avait bien une raison. Ma mère se sent à nouveau trahie de ne pas avoir été prévenue. Elle décide de les appeler.

La personne qu'elle a en ligne semble embarrassée. On lui passe Anne-Marie Boucher. L'actuelle présidente de Rayon de soleil affirme ne pas être au courant de cette histoire. Elle insiste sur le fait qu'elle n'était pas en poste à l'époque. Dès le lendemain, j'envoie un mail à la direction de Rayon de soleil, afin de rencontrer la personne qui était en charge des adoptions au Pérou en 1980[1]. Je ne porte aucune accusation. Je veux juste comprendre le silence des responsables. Pourquoi n'ont-ils pas averti les familles concernées quand ils ont découvert le scandale ? À en croire les articles de l'époque, nous sommes quand même une vingtaine d'enfants volés à avoir été adoptés en France par leur intermédiaire ! Sur le mail que je leur adresse, j'explique que je reviens du Pérou, où j'ai rencontré ma mère biologique. Et j'ajoute :

« *Ma famille a beaucoup souffert de ma disparition il y a vingt-trois ans. Comment peut-on imaginer qu'une mère oublie qu'on lui a volé son bébé ? Ma mère a fait partie de ces femmes qui ont porté l'affaire devant les tribunaux péruviens [...]. Pourquoi avoir gardé un tel secret ? Votre silence a brisé et brise peut-être encore des familles entières qui souffrent de ne pas savoir ce que sont devenus les enfants qu'on leur a enlevés [...] Vingt-trois ans se sont écoulés depuis cette affaire, je pense qu'il serait temps de lever le voile. Tout le monde a le droit de connaître la vérité sur ses origines. Il appartient ensuite à chacun de vouloir aller plus loin ou non dans ses recherches. Mais SAVOIR est, je pense, un droit que vous pourriez nous reconnaître [...]* »

Trois jours plus tard, la directrice de Rayon de soleil en personne m'appelle pour convenir d'une entrevue en

1. Malgré des demandes réitérées de la part des auteurs, l'association Rayon de soleil n'a pas souhaité répondre dans le cadre de la préparation de l'ouvrage. Les échanges rapportés ici sont antérieurs.

présence de l'ancienne directrice, Marie-Antoinette Lemire. Je révise mon jugement, elles ont l'air de vouloir coopérer. Dorénavant, je n'ai plus qu'un seul objectif : que ces dames préviennent les parents adoptifs abusés par les Mendoza. Mieux vaut ne pas informer directement les adoptés, certains ne souhaitent peut-être pas connaître leurs origines. Aux parents de prendre les précautions. Rendez-vous est pris la semaine suivante au siège de l'association. Avant d'y aller, je me renseigne sur Rayon de soleil. D'après le site du ministère des Affaires étrangères, c'est bien le deuxième organisme le plus important en nombre d'adoptions en France, après Médecins du monde. Fondé en 1976, Rayon de soleil peut se targuer d'avoir réalisé depuis sa création pas moins de 10 000 adoptions en Inde, en Chine, en Corée du Sud, au Chili, en Haïti... Tiens ! Bizarrement, le Pérou n'est pas cité. Cette année 2004, ils ont effectué 195 adoptions.

Munie des articles de la presse péruvienne et de mon petit carnet, je me rends au siège de Rayon de soleil, dans le Xe arrondissement de Paris. Un véritable comité d'accueil m'attend dans ce vieil appartement qui fait office de bureaux. Cinq femmes âgées, l'allure BCBG, se présentent à tour de rôle. Il y a Marie-Antoinette Lemire, fondatrice et ancienne présidente de Rayon de soleil. Malgré ses soixante-dix ans passés, elle ne respire pas la sympathie. Les cheveux auburn, le regard glacial, les cernes marquées, elle me tend une poignée de main quasi militaire. À côté d'elle, Anne-Marie Boucher, sa remplaçante à la tête de l'association. La cinquantaine, elle a une voix douce qui me rassure. Puis voilà Édith

Dorey, une blonde d'une soixantaine d'années avec une tête toute ronde. Cette bénévole s'occupait autrefois des adoptions avec le Pérou. Suivent deux autres femmes, sans doute des secrétaires. On se croirait dans un club de bridge.

Nous prenons place toutes les six autour d'une table. Au début, ces femmes se montrent très cordiales. De mémoire, je vais retranscrire ici les moments essentiels de cet entretien[2]. À peine me suis-je assise que la nouvelle présidente s'excuse : « Je n'étais pas là à l'époque des faits. Je viens juste d'en prendre connaissance ». L'air embarrassé, elle me tend une chemise qui contient quelques papiers relatifs à mon adoption. Sans doute veut-elle me prouver leur volonté de transparence. Je parcours des yeux le dossier, il n'y a rien que je ne sache déjà. Aucune allusion à mon enlèvement. Je m'adresse alors aux plus anciennes. Marie-Antoinette Lemire me répond qu'elle a eu vent de « problèmes » avec l'intermédiaire péruvien. Et pour preuve de sa bonne foi, elle ajoute :

— C'est d'ailleurs pour cette raison que nous avons arrêté les adoptions avec le Pérou par la suite.

Je suis formelle, jamais elle n'emploie le mot « trafic ». Voyant qu'on ne me prend guère au sérieux, je sors de ma pochette les articles récupérés au Pérou. Mon geste jette un froid. L'actuelle présidente tente de se défendre :

2. Contactée à plusieurs reprises, Rayon de soleil n'a pas souhaité répondre.

— Vous savez, les journalistes racontent ce qu'ils veulent !

Elle m'explique qu'elles ont eu affaire à la presse il y a peu de temps et qu'elles se méfient des journalistes comme de la peste. Je comprendrai plus tard à quoi elles font allusion. Je commence à perdre patience. Je tente de leur expliquer combien il est important pour un adopté de connaître ses origines. J'ajoute que ce n'est pas la même chose de savoir qu'on a été abandonné ou volé ! Je leur dis que je me sens trahie, que j'ai l'impression qu'on a joué avec ma vie. C'est là que Marie-Antoinette Lemire me lance, d'un ton sec et cassant :

— Votre vie, maintenant, elle est ici. C'est du passé ! Vous êtes heureuse avec vos parents, non ? Alors, qu'est-ce que vous cherchez ?

Si je comprends bien, elle est en train de me dire qu'il y a prescription et que j'ai bien de la chance d'avoir été adoptée ! Pour appuyer son propos, la fondatrice de Rayon de soleil, ancien médecin et par ailleurs officier de la Légion d'honneur, me parle de sa fille qu'elle a adoptée, alors qu'elle était mourante dans une rue de Calcutta, et qui grâce à elle s'en est sortie. J'apprendrai par la suite que la plupart des bénévoles de Rayon de soleil ont adopté des enfants aux quatre coins du monde, pensant sûrement faire œuvre de charité chrétienne. J'explique que je ne suis pas seule dans cette affaire. A priori, une vingtaine d'enfants volés, comme moi, ont été adoptés en France. J'ajoute :

— Il faut prévenir les familles adoptives. Si un jour les adoptés découvrent la vérité, comment vont-ils réagir vis-à-vis de leurs parents adoptifs ? Ils vont avoir l'impression qu'on les a trompés...

Je vois bien qu'elles sont à court d'arguments. Marie-Antoinette Lemire tente alors de me dissuader :

— Vous ne vous rendez pas compte de ce que ça peut créer comme problèmes dans les familles. Une telle nouvelle peut provoquer des drames, voire des suicides ! Vous allez détruire des vies !

Je me souviendrai toujours de son regard froid en prononçant cette phrase. Édith Dorey, qui s'était montrée plutôt discrète jusqu'ici, prend la parole. Elle me dit, mielleuse :

— C'est bien ce que vous nous apportez, mais ce n'est pas suffisant. Les enfants que nous avons fait adopter au Pérou ne sont peut-être pas tous volés... Si on n'a pas une liste officielle de tous les enfants volés, on ne peut rien faire.

Visiblement, elle essaye à son tour de me décourager. Je n'ai pas de liste « officielle ». Je pensais qu'avec la dizaine de noms de mères que j'avais recensée dans les articles, on pourrait déjà commencer à prévenir les familles adoptives. Ce sont des noms péruviens bien entendu, mais ils doivent figurer dans les dossiers d'adoption des enfants. Cela ne me semble pas très difficile d'établir cette liste. Il suffit de ressortir des archives de l'association les dossiers « Pérou », de 1980 à 1982. Là, j'ai droit à une nouvelle excuse : « La personne qui était en charge des adoptions avec le Pérou est décédée en septembre ». Sauf que je sais par ma mère qu'Édith Dorey, présente à cette table, s'en occupait aussi à l'époque. Je réitère ma demande. Elles refusent catégoriquement de prévenir les familles adoptives, précisant même que cette nouvelle est impossible à révéler à certaines d'entre elles. Pourquoi ? Mystère.

Au bout d'une heure de bras de fer, nous finissons par trouver un terrain d'entente : les responsables de Rayon de soleil me proposent de laisser une lettre dans le dossier des enfants adoptés. Si un jour ils font la démarche de rechercher leurs origines, ces éléments seront ainsi à leur disposition. Avec le recul, je me rends compte que leur proposition ressemble à une fin de non-recevoir. Les dossiers restant bien au chaud dans leurs bureaux, les adoptés auront peu de chance de découvrir la vérité. D'autant qu'elles consentent à cette démarche à condition que je leur rapporte une « liste officielle » des enfants volés afin de recouper nos informations et de nous assurer que tous les enfants adoptés par Rayon de soleil proviennent bien du trafic Mendoza. Avant de prendre congé, je leur confie ma liste de noms pour qu'elles commencent à chercher dans leurs archives. Elles me le promettent. Je quitte leur bureau à moitié satisfaite. En guise d'au revoir, Marie-Antoinette Lemire me fusille du regard. J'ai l'impression de ne pas tout savoir. Je n'arrive pas à comprendre pourquoi, à l'époque, personne n'a cherché à en savoir plus sur ce trafic ? Ironie du sort : c'est à moi, enfant volé, de rechercher des informations.

Deux semaines après notre entretien, je rappelle Rayon de soleil pour avoir des nouvelles. On me répond que « c'est long et compliqué » de chercher dans les archives. Il n'y a pourtant qu'une dizaine de dossiers à trouver. Cela ne me paraît pas sorcier comme recherche. Je les relance deux ou trois fois, et à chaque appel, j'ai droit au même refrain. Je me souviens du regard glacial que l'ancienne présidente m'a jeté avant de partir. Et je finis par me résigner. Mais je reste persuadée que si je leur apporte la liste officielle des enfants volés, l'association sera bien obligée d'assumer ses responsabilités. Il faut coûte que coûte que je me procure cette liste. Mais où la trouver ?

Je pense alors à contacter Ismaël León, le journaliste péruvien qui a signé la plupart des articles dans les années 80. Je compose son numéro sans trop savoir comment il va réagir. Se souviendra-t-il du dossier ? Le journaliste est à la fois surpris et ému que je l'appelle. Il se souvient très bien de cette affaire. C'est même grâce à son enquête, qui avait fait la une de *La República*, en novembre 1981, que la police s'était saisie du dossier. Ismaël m'apprend alors que les Mendoza ont été libérés en 1986, soit deux ans seulement après leur procès. Ils avaient pourtant été condamnés en première instance à vingt-cinq ans de prison ! Je suis sidérée. À l'heure actuelle, ils devraient être encore incarcérés. Décidément, je me demande comment fonctionne la justice dans ce pays. Nous en venons au motif de mon appel. Malheureusement, Ismaël ne détient pas la liste complète des enfants volés. Il me faut un document officiel. Après réflexion, je me dis que les noms de tous les enfants doivent forcément apparaître dans le jugement qui a été rendu contre les Mendoza, en 1984. Le seul endroit où je peux me le procurer, c'est au tribunal correctionnel de Lima. C'est pour moi comme un défi : puisque Rayon de soleil n'est pas fichue d'établir cette fameuse liste, j'irai la chercher moi-même, au Pérou.

16. J'enquête au Pérou

En juillet 2004, me voici à nouveau au Pérou, avec Lisa cette fois, qui a maintenant quatre ans. Je ne lui ai pas encore expliqué la situation. C'est un peu compliqué pour une enfant de son âge. Elle appelle ma mère biologique « mamita », comme moi, et a très vite saisi que c'était sa « troisième mamie ». Lisa s'acclimate à merveille. Le dépaysement semble moins l'affecter que ce ne fut le cas pour moi lors de mon premier voyage. Elle s'amuse comme une folle avec ses nouveaux cousins. Ici, elle peut jouer dans la terre, se salir, manger la viande avec ses doigts, puisqu'il n'y a pas de couteau à table... Et tout ça sans que je la gronde. Pour elle, c'est le paradis. Avec sa peau si blanche et ses yeux si clairs, Lisa fait la fierté de ma famille péruvienne. Ici, la couleur de peau a une signification assez primaire : plus on est mat, plus on est pauvre et bête. Ma fille est donc à leurs yeux une petite pépite !

Pendant qu'elle joue avec ses cousins, je poursuis mon enquête. L'ultime but de ce voyage est de rapporter à Rayon de soleil une liste officielle des enfants volés par le trafic Mendoza. Mamita s'implique beaucoup dans mes recherches. Elle sait que c'est important pour moi. Depuis que nous avons découvert les articles de presse à la bibliothèque de Lima, elle tient à être présente à chaque étape de mon enquête. C'est ainsi qu'un matin, nous nous rendons toutes les deux au palais de justice de Lima. Auparavant, je me suis assurée que les archives des jugements y sont bien conservées. En revanche, je ne sais pas si l'on peut les consulter librement.

Deux hommes montent la garde devant les marches du tribunal. Je m'approche de l'un d'entre eux. Il n'a pas l'air commode. Sa réponse est sans appel : « Interdiction de pénétrer dans le tribunal sans autorisation ». Cela va être plus compliqué que je ne l'imaginais. Ma mère et moi réfléchissons à un plan B pour entrer dans le bâtiment, lorsqu'un homme nous aborde : « Je travaille au tribunal, je peux vous aider ? » Il n'a pas l'allure d'un avocat ni d'un juge. C'est peut-être un greffier. Il porte un jean et une veste, et arbore un air filou, limite malhonnête. Je lui demande s'il est possible de consulter les archives d'un jugement qui date de 1984. Il nous éloigne des gardes : « Suivez-moi, on va en parler ». L'homme nous emmène jusqu'à sa voiture. Je lui explique brièvement l'affaire. Ma demande ne semble pas l'étonner. Selon lui, je ne pourrai pas faire les recherches moi-même. Mais il propose de s'en charger personnellement. Je me doute qu'il va falloir que je lui donne un billet en échange. Notre « intermédiaire » nous propose de nous ramener chez nous en voiture. Je ne suis pas très rassurée, ma mère non plus. Nous acceptons tout de même de monter. C'est pour la bonne cause. Pendant le trajet, je lui donne toutes les informations dont je dispose pour faciliter sa recherche. En arrivant à la Ventanilla, il nous annonce son prix : 200 soles, l'équivalent de 50 euros. Il veut l'argent tout de suite. Je ne discute pas. Il en profite pour nous demander de lui payer le trajet en voiture, environ 50 soles ! Étonnée, je lui fais répéter. C'est bien ça, il souhaite qu'on lui règle la course comme à un taxi. Je me rends compte qu'ici, tous les moyens sont bons pour se faire un peu d'argent. Je lui laisse le numéro de téléphone de la maison. Il promet de m'appeler très vite.

Une semaine après notre entrevue, il appelle. Ma mère décroche. Ce jour-là, je suis chez les parents de Fernando. À vrai dire, je n'y croyais plus trop. Je pensais qu'il s'était envolé dans la nature avec mon argent. En fait, il n'est pas si malhonnête. Au téléphone, il explique que mamita doit se rendre au tribunal dans l'après-midi afin de récupérer les documents qu'il a trouvés. Voulant me faire la surprise, elle ne me prévient pas et s'y rend seule. L'homme lui remet une grosse pile de papiers, en lui indiquant la photocopieuse. Au passage, il lui demande 100 soles de plus, soi-disant pour payer les photocopies. Il faut faire vite, personne ne doit la voir à l'intérieur du tribunal. En plus du compte-rendu du jugement des Mendoza, il y a une dizaine de pages sur lesquelles figurent des centaines de photos de bébés. Dans l'urgence, ma mère photocopie tout, pensant que ça pourra me servir. Elle fait bien. Posséder ces documents représente une chance inouïe pour mes futures investigations. Je vais vite le comprendre.

À son retour à la maison, mamita me remet le paquet. Un trésor, à mes yeux. Ce sont les photos de tous les enfants adoptés au Pérou entre juin 1980 et février 1982. Il y en a plus de 500. On dirait un catalogue de vente sur lequel sont proposés des nourrissons, des enfants de un ou deux ans et quelques-uns plus âgés. On peut lire la peur sur le visage de certains. Il y en a qui pleurent, qui crient, d'autres au contraire rigolent. En tournant les pages, je tombe sur moi, avec ma touffe de cheveux noirs dans ma layette blanche. J'ai à peine un mois. Cette photo, je la connais pour l'avoir regardée des dizaines de fois dans mon passeport péruvien lorsque je feuilletais mon dossier rouge. Mais là, c'est différent. Ça me fait un choc de me retrouver au milieu de ces centaines d'enfants. J'ai l'impression d'être une bête de foire exposée dans un catalogue. Je ne suis plus qu'un numéro : le « 87 ».

Parmi tous ces enfants, certains ont été, comme moi, arrachés à leur famille. Il faut que je les retrouve. Je commence alors à éplucher le jugement. Un pavé de 69 pages, écrit en espagnol bien sûr, et tapé à la machine à écrire. Les photocopies sont de mauvaise qualité, parfois, j'ai du mal à déchiffrer certains mots. En plus de ça, il n'y a aucune cohérence dans ce compte-rendu. Tout est mélangé : les témoignages des parties civiles se mêlent à ceux de la défense et aux conclusions des juges. Un vrai casse-tête. J'essaye de remettre de l'ordre. Au fil des pages et à la lecture des plaintes déposées par les mères, je réussis à retrouver les 25 noms des enfants volés par les Mendoza. Mais ce sont leurs noms péruviens, ceux de leurs familles biologiques. Le jugement ne précise pas leurs nouveaux noms, une fois adoptés. La plupart sont partis en France, mais quelques-uns aussi aux Pays-Bas. Je ne sais donc pas lesquels de ces enfants ont été adoptés par l'intermédiaire de Rayon de soleil.

Je reprends la liasse de photos des adoptés. Au-dessus de chaque cliché, je remarque des chiffres inscrits en tout petit : les numéros de passeport des enfants et la date de leur visa. Avec ces renseignements, je peux vérifier à quel moment ils ont été adoptés. Mieux encore, je découvre une liste de noms qui correspondent à ces numéros de passeport. Eurêka ! Ce sont des noms européens, ceux des enfants une fois adoptés. Selon leur consonance, je parviens sans trop de difficulté à connaître le pays de destination des enfants. La plupart sont partis pour l'Europe : en France, en Hollande, en Italie et quelques-uns aux États-Unis. Je note tous les noms à consonance française afin d'éliminer les autres. Je me retrouve avec une liste de 23 enfants français. Maintenant, reste à savoir s'ils ont été volés par les Mendoza.

Je compare mes notes. D'un côté, j'ai établi une liste de 25 enfants déclarés volés dans le jugement, avec des noms péruviens, de l'autre, 23 enfants avec des noms français et 2 apparemment hollandais. Le jeu consiste à savoir qui est qui. Dans quelques rares cas, le prénom de l'enfant n'a pas été modifié. Pour le reste, c'est plus compliqué. En relisant les plaintes des mères, je m'aperçois qu'elles précisent l'âge de leur enfant et la date à laquelle on leur a volé. Je regarde alors les photos des enfants pour essayer de deviner leur âge. Je fais des hypothèses : tel enfant peut correspondre à telle mère.

Mais, cet exercice n'est pas une science exacte. Je trouve alors un autre moyen. En comparant la date d'enlèvement avec celle du visa, je peux faire des recoupements plus précis. J'ai bien compris que les Mendoza réalisaient les adoptions en quatrième vitesse pour éviter de se faire prendre. Le délai entre le vol de l'enfant et l'établissement du visa est donc au maximum de quatre semaines. Je me sens investie d'une mission : établir cette liste. Ainsi, Rayon de soleil ne pourra plus trouver d'excuse pour ne pas contacter les parents adoptifs. C'est un travail de fourmi. Au bout de plusieurs semaines, je finis par recouper une dizaine de noms. C'est ainsi que j'obtiens la preuve que mon amie Julia a bien fait partie du trafic. Je n'ose pas encore la prévenir.

Le soir, avec ma mère, nous lisons des passages du jugement. Elle m'aide à le comprendre. Cela confirme tout ce qu'elle m'a dit. Mais pour moi, c'est comme une reconnaissance officielle. On peut éventuellement contester le travail des journalistes, mais pas celui de la justice. Ce jugement est la preuve que ce trafic a bien existé. Les charges retenues contre les quatre membres de la famille Mendoza sont lourdes : « soustraction de mineurs, séquestration et rapt de mineurs ». Ce qui explique la condamnation à vingt-cinq ans de prison. Les juges parlent même d'une « entreprise criminelle ». Ils expliquent comment les Mendoza ont abusé des mères. Après les avoir recrutées dans des bidonvilles ou par l'intermédiaire d'hôpitaux ou d'institutions religieuses auprès desquels ils s'étaient fait connaître comme une association charitable, ils leur faisaient signer un papier en blanc. Certains papiers étaient même remplis de quelques passages de textes de loi. Ce qui n'a pas été le cas pour ma mère qui a signé un papier vierge. Le jugement précise que la plupart des femmes ont dû signer les papiers « sans les lire » ou « sous la contrainte ». Le jugement confirme que « ces documents étaient en réalité des actes d'abandon, où les mères consentaient à l'adoption de leurs enfants ».

À l'époque de la procédure, les Mendoza ont nié tous les faits qui leur étaient reprochés. Ils maintenaient avoir agi à des « fins altruistes ». Les confrontations organisées entre les mères et les inculpés ont cependant convaincu le jury de leur culpabilité. Le jugement précise que les déclarations des mères étaient « fermes, claires et directes » et rendaient compte de « la même méthode utilisée par les accusés pour réussir l'adoption contre le réel désir des mères ». Conclusion : la famille Mendoza a bien trompé ces femmes « à des fins exclusivement lucratives ». Je découvre combien ils ont gagné grâce à leur « entreprise criminelle ». Les juges évoquent une somme d'au moins 72 000 dollars. Je fais alors un calcul cynique : 24 enfants à 3 000 dollars, ça fait en effet 72 000 dollars ! Mais sachant que les enfants au teint clair coûtaient 5 000 dollars, cette somme est à revoir à la hausse. En plus de l'argent issu directement du trafic, ils ont encaissé 21 600 dollars en cash, grâce aux appartements qu'ils louaient aux adoptants à Lima, pour 900 dollars le mois. Une partie de leurs gains avait été investie dans l'achat d'un appartement situé à Miraflores, le quartier le plus riche de Lima, et d'une voiture Volkswagen. Le reste de l'argent était placé sur des comptes bancaires dans trois établissements différents.

Évidemment, aucun compte n'avait été ouvert au nom de l'institution San Benito de Palermo. Il s'agissait de comptes personnels sur lesquels transitaient des certificats de monnaie étrangère, des soles et des dollars américains. L'ensemble des livres de comptes de San Benito est comme par hasard parti en fumée. Les Mendoza ont détruit tous les documents, craignant, disaient-ils, une campagne diffamatoire des journalistes. Quant au juge des mineurs de Callao, « celui qui n'interrogeait pas les mères et qui s'occupait aveuglément des procédures » (*sic*), il avait lui aussi touché sa part. Il récupérait environ 2 000 dollars par adoption, qu'il devait sans doute se partager avec l'avocat, le greffier et le secrétaire, également corrompus.

Le jugement me permet d'éclairer certains points restés obscurs. Depuis un moment, je me demandais où les autres enfants et moi-même étions gardés en attendant d'être adoptés. D'après le jugement, qui confirme que la pouponnière n'a jamais existé, nous étions dispersés dans des appartements : chez les parents Mendoza, à San Isidro, et chez une de leurs filles, dans un autre quartier de Lima, à San Miguel. Il est important pour moi de savoir où j'ai passé ces dix jours avant que mes parents m'adoptent. Mais je n'ose pas imaginer la façon dont nous étions traités...

17. Les coulisses du trafic

Je ne suis pas au bout de mes surprises. En feuilletant le dossier, je tombe sur un autre jugement. Ce document d'une dizaine de pages, daté de juillet 1986, est signé par un autre juge. Je ne sais pas à quoi correspond ce nouveau jugement. Est-ce une décision d'appel ? En tout cas, rien ne l'indique. Là, en quelques lignes, toutes les charges retenues contre les Mendoza s'écroulent comme un château de cartes. Soudain, le nouveau jury a un doute et le délit de rapt de mineurs n'est plus constitué. En clair, les Mendoza sont acquittés et libérés immédiatement ! Le jury évoque « un doute raisonnable » qui a joué en la faveur des accusés. Toutes les accusations exposées plus haut s'écroulent donc. Ils sont innocents. C'est pour moi un désaveu terrible de la part de la justice péruvienne. Après tout ce que je viens de lire dans le jugement de première instance sur ces gens-là, décrits comme les pires manipulateurs et escrocs, je ne comprends pas comment, deux ans après leur condamnation à vingt-cinq ans de prison, on a pu les libérer sur-le- champ. Le « doute raisonnable », je n'y crois guère. Je me dis que certains protagonistes de l'affaire, s'ils sont toujours en vie, pourront peut-être m'éclairer. Il me reste encore quelques semaines à Lima, autant en profiter pour poursuivre mes investigations.

Je retrouve alors l'avocat des plaignantes, Martin Pilco. Son nom est mentionné dans le jugement. Il exerce toujours et s'occupe désormais des archives d'un département du ministère public. Maître Pilco ne voit aucun inconvénient à ce que nous nous rencontrions. Il se rappelle très bien l'affaire, précise-t-il au téléphone. À l'époque, il traitait des litiges relatifs à la famille. Il devait avoir une quarantaine d'années. C'était son premier procès au pénal.

Nous avons rendez-vous à son bureau, situé au fin fond d'une banlieue de Lima. Après une heure de taxi, j'arrive devant une espèce d'entrepôt, où un garde en uniforme me demande mes papiers. Il m'indique le cabinet du *doctor* Pilco, au bout de la cour. Cela ressemble davantage à un hangar où sommeillent des tonnes de paperasses administratives qu'à un cabinet de juriste. Un petit homme grisonnant m'accueille avec un sourire clinquant. Ses dents sont comme limées et en partie recouvertes d'or. Il porte de grosses lunettes en écaille sur son nez aquilin. Nous nous installons dans son bureau, un capharnaüm dans lequel la voix d'un commentateur sportif s'échappe d'un vieux transistor. L'avocat aussi n'a plus l'air tout jeune. Nous n'arrivons pas à nous comprendre. Je ne sais pas si c'est à cause de sa surdité ou de la radio qui résonne à tue-tête. Je suis obligée de lui demander de l'éteindre. C'est un peu mieux, mais il mâche la moitié de ses mots. J'ai l'impression que nous ne parlons pas la même langue.

D'après ce que je comprends, il se souvient de ma mère qu'il a rencontrée au tribunal pendant le procès, en 1984. Il était le seul et unique avocat des mères. Seulement huit d'entre elles avaient pu se payer ses services et se constituer partie civile. Il me parle alors d'une femme à qui on avait volé ses trois enfants. Quand elle voulait les voir, Luz Mendoza lui disait de revenir mieux habillée et lavée, car la garderie était soi-disant située dans un quartier chic de Lima. Afin de rassurer la mère, elle lui montrait des photos de ses enfants entourés de jouets, en disant : « Regarde comme ils sont heureux ! » Je me dis qu'à ce moment-là, les enfants étaient peut-être déjà en France. Il m'explique que les Mendoza utilisaient quasiment la même méthode à chaque fois. Ils finissaient par devenir agressifs et menaçants envers les mères. Puis ils déménageaient quand elles se montraient trop insistantes.

Je lui demande pourquoi la police n'a pas enquêté dès les premières plaintes. L'avocat pense que les Mendoza ont dû soudoyer les policiers. Je le questionne aussi sur leur libération précoce. Il me répond que les Mendoza ont probablement dû payer une caution ou corrompre un autre juge pour qu'il se saisisse à nouveau du dossier. Autre hypothèse selon lui : ils auraient été graciés par le nouveau président, Alan Garcia, qui venait d'être élu en 1985. D'après lui, les Mendoza étaient encartés dans son parti, l'APRA [1]. De toute façon, ça revient au même. Ces deux hypothèses me prouvent que le système judiciaire ou politique n'était pas sûr. D'après l'avocat, certains vols auraient été commis à l'arraché, dans la rue ou sur

1. Alliance populaire révolutionnaire américaine (Parti social démocrate péruvien).

des marchés à Lima et en province. Martin Pilco conclut en me disant que les trafics d'enfants sont encore légion au Pérou. Qu'il ne se passe pas une journée sans que la police n'annonce une disparition ou un enlèvement. C'est effectivement ce que j'ai pu constater en écoutant la radio ou en regardant le journal télévisé. Je me rappelle alors l'affiche qui m'avait frappée en arrivant à l'aéroport de Lima, lors de mon premier voyage : « Ne se vend pas, ne s'achète pas. Halte au trafic d'enfants ! » Je trouve désespérant qu'en vingt-cinq ans rien n'ait changé.

Je dois maintenant rencontrer le journaliste péruvien, celui qui a révélé l'affaire en 1981. Il s'agit d'Ismael Leon, à qui j'ai déjà eu l'occasion de parler au téléphone. Nous avons rendez-vous dans le quartier de Miraflores, à Lima. Je l'attends, assise sur un gros canapé en cuir du hall de l'hôtel Maria Angola. Un homme aux cheveux blancs se dirige vers moi d'un pas hésitant. Veste de velours marron, gilet bordeaux, lunettes en écaille et sacoche sous le bras, l'ancien journaliste a des airs de gentil grand-père. Il est très ému de me voir. Il m'observe en silence d'un regard bienveillant. Puis s'explique : « Vous savez, je me suis beaucoup investi sur cette enquête à l'époque. Il m'arrive encore de me demander ce que sont devenus les enfants de ce trafic... Ça me fait plaisir de vous voir en chair et en os, plus de vingt ans après cette sordide affaire... » Il sort de sa sacoche un vieux reflex, me prend en photo. Comme s'il voulait se prouver que cette rencontre était bien réelle. Sur le coup, je ne comprends pas trop son émotion. C'est en écoutant le récit de son enquête que je vais réaliser à quel point cette affaire lui tient à cœur.

Il parle comme un livre. C'est une partie de mon histoire qu'il me raconte à travers les coulisses de ce trafic. Je l'écoute avec attention. En 1981, Ismaël León, la quarantaine, était journaliste politique à *La República*, un journal de gauche qui venait de se créer suite au rétablissement de la démocratie dans ce pays qui avait connu douze années de régime militaire. Un confrère de l'agence Associated Press lui avait transmis cette information : des adoptions suspectes auraient été réalisées au Pérou par l'intermédiaire d'une association nommée Rayon de soleil. Il ignorait alors que cette association était française. Ismaël savait juste qu'une femme de Villa Salvador, un bidonville du sud de Lima, en avait été victime. Il s'est alors rendu sur place pour obtenir plus d'informations. Le journaliste a interrogé les commerçants et les passants. À cette époque, m'explique-t-il, les esprits étaient davantage préoccupés par le terrorisme du mouvement maoïste le Sentier lumineux, qui tentait d'infiltrer le quartier. En croisant une femme enceinte, il lui demanda si elle n'avait pas été démarchée par une association du nom de Rayon de soleil. Elle sortit un bout de papier de sa poche sur lequel on pouvait lire le nom d'une institution : « San Benito de Palermo » qui s'adressait à des mères célibataires et abandonnées. La femme enceinte lui expliqua que celle qui lui avait remis ce tract sortait d'une grosse voiture noire. Elle était assez forte et portait des lunettes de soleil. C'était Luz Mendoza. Elle lui avait promis de l'aide pour elle et son futur bébé.

Le journaliste se rendit immédiatement à l'adresse indiquée par le tract. Afin d'être certain de pouvoir rentrer, il se fit passer pour un employé municipal. Au deuxième étage de l'immeuble, deux jeunes femmes en blouse blanche l'accueillirent. L'appartement disposait d'une sorte de dortoir avec des lits. Cela ressemblait à une clinique privée, alors qu'un an plus tôt, quand ma mère s'y était rendue, l'appartement faisait office de bureau. Ismaël leur demanda si elles détenaient une licence pour exercer dans ces lieux. Les deux pseudo-« infirmières » avaient l'air embêté. À ce moment-là, quelqu'un frappa à la porte. Elles entrouvrirent. C'était une femme qui les suppliait de voir son bébé. Elle demandait à parler à une certaine Luz. Les deux femmes lui répondirent qu'elle n'était pas là. « Repassez plus tard », lui dit-on. Intrigué par ce qu'il venait d'entendre, Ismaël prit congé et emboîta le pas de la visiteuse. Ce petit brin de femme à l'allure modeste lui raconta qu'elle avait accouché ici, dans cette clinique improvisée, une semaine auparavant. Luz, qu'elle prenait sans doute pour un médecin, avait diagnostiqué que sa fille était trop petite, et qu'il fallait d'urgence la placer dans un autre établissement pour qu'elle reprenne du poids. La mère avait alors dû signer un papier en blanc afin d'autoriser l'entrée de sa fille dans cet établissement dont on s'était bien gardé de lui donner l'adresse.

Cette histoire a bouleversé Ismaël. Il avait deux enfants en bas âge à cette époque. Il s'est tout de suite mis à la place de cette pauvre femme. Le journaliste pressentait qu'elle n'était pas la seule victime. Suite à une annonce diffusée sur l'antenne de la plus grosse radio de Lima, six femmes se sont présentées le lendemain à la rédaction du journal. Toutes racontaient la même histoire. Il a alors publié leurs témoignages au mois de novembre 1981. La révélation de cette affaire à la une de *La República* entraîna l'ouverture d'une enquête policière. Ismaël fut entendu par le juge d'instruction et apporta de nombreuses preuves attestant des faits. Je me dis que sans la curiosité et la pugnacité de cet homme, ce trafic n'aurait peut être jamais été démantelé. Et il est là, devant moi, à me livrer les détails de son enquête, qui vraisemblablement lui pèse encore.

À l'époque, le journaliste ne s'était pas arrêté aux témoignages des mères. Son enquête l'amena à rencontrer Luz Mendoza qui affirmait être la correspondante de Rayon de Soleil, et lui montra plusieurs lettres qui l'attestaient. C'est également lui qui a découvert que le juge signait les adoptions falsifiées. Ce juge des mineurs de Callao avoua à Ismaël qu'il avait signé plus de 80 adoptions sans jamais avoir rencontré les mères biologiques ! Il justifiait son acte comme « un moyen de sauver ces enfants de la misère ». Le juge a finalement été condamné à dix ans de prison, puis libéré au bout de deux, comme les Mendoza.

Si le magistrat avait apposé sa signature pour l'autorisation de 80 adoptions, c'est que le trafic était beaucoup plus important que je ne pensais. Ismaël m'explique qu'il y avait d'autres trafics à cette époque. D'après lui, la majorité des 643 adoptions réalisées entre 1978 et 1982 était illégale. Suite à son enquête, tous les juges des mineurs de Callao et de Lima ont été entendus par la police. Et en effet, d'autres cas d'adoptions frauduleuses furent découverts, notamment à destination de l'Italie, de la Hollande, de la Suisse et de la Belgique. Je me demande à mon tour ce que sont devenus tous ces enfants. Sont-ils au courant de leur passé ? Ou suis-je la seule à connaître la vérité ? Je raconte alors à Ismaël ma rencontre avec ma famille biologique. Il est heureux que les retrouvailles se soient bien passées. Et, conclut : « Finalement, ton histoire se termine par un *happy end* ». Nous nous quittons. L'entretien aura duré près de trois heures. Je suis comblée d'avoir pu rencontrer cet homme qui m'a permis de me glisser dans les coulisses de cette affaire.

Plus tard, je prendrai contact avec un policier péruvien chargé de l'enquête à l'époque. Cet ancien lieutenant de la police d'investigations du Ministère public, qui préfère garder l'anonymat, va me révéler d'autres éléments de cette affaire décidément obscure. Il m'apprend que la police a enregistré pas moins de 50 plaintes de mères dans les années 80. L'enquêteur confirme ce que m'a dit d'Ismaël León : il y avait bien plusieurs trafics à cette époque. Les Mendoza se chargeaient de la France et d'autres de l'Italie, de la Hollande, des États-Unis... Apparemment, ils se connaissaient entre eux. Malheureusement, les policiers de son service n'ont pas pu enquêter sur ce réseau international, car ils n'avaient aucun soutien de leur hiérarchie. « L'affaire touchait des familles pauvres, ça n'intéressait pas grand monde », m'avoue-t-il. Il m'explique comment lui et quelques collègues ont dû se battre pendant plus d'un an pour prouver qu'il y avait bien eu délit. Car en apparence les documents d'adoption étaient légaux et la famille Mendoza, de race blanche et d'une classe sociale plus élevée, au-dessus de tout soupçon. Le policier me précise que, de leur vrai métier, les époux Mendoza étaient courtiers dans l'immobilier. Situation dont ils ont profité pour se faire des « extras » en louant leurs appartements à des couples d'adoptants. « Les Mendoza pouvaient tout acheter, y compris le silence de certaines mères », analyse-t-il. Avant d'ajouter que « pendant le procès, des documents, notamment des preuves à charge contre les

Mendoza, se sont étrangement volatilisés ». C'est sans doute pour cette raison qu'en 1986, au moment où les Mendoza ont été finalement acquittés, il n'y avait plus une seule preuve dans le dossier. Lors d'une perquisition chez les Mendoza, la police a retrouvé des papiers émanant de l'association française Rayon de soleil. En 1982, suite à leur arrestation, il m'affirme qu'un policier de son service serait même entré en contact par téléphone avec la direction de Rayon de soleil. Impossible à vérifier. Si aucune charge n'a été retenue contre l'association française, cela me ramène à ma première interrogation. Était-elle au courant du trafic dès 1982 ? Dans ce cas, pourquoi n'avoir pas informé les familles adoptives ?

Dans l'avion qui me ramène en France, je continue à déchiffrer le jugement des Mendoza. J'apprends qu'avant de réaliser les adoptions, Rayon de soleil avait tout de même demandé des renseignements sur l'institution San Benito de Palermo auprès des autorités péruviennes. Ces dernières lui auraient répondu que San Benito n'avait aucune autorisation requise pour effectuer des adoptions ! Ce qui n'a pas empêché l'organisme français de collaborer avec eux. Le 13 mars 1980, Rayon de soleil envoyait aux époux Mendoza une lettre désignant l'institution San Benito de Palermo comme leur représentant et coordinateur au Pérou. Les Mendoza avaient tenté à trois reprises d'obtenir une reconnaissance de l'État péruvien, en se gardant bien de préciser qu'ils réalisaient des adoptions. À trois reprises, leur demande avait été refusée. D'une part, l'association San Benito n'était pas habilitée à effectuer des adoptions et d'autre part, elle n'avait aucune existence officielle. Comment Rayon de soleil avait-il pu collaborer avec une association fantôme ? Quand on voit le parcours du combattant pour les parents adoptants, les inspections de la DDASS, le nombre de garanties qu'on leur demande... et à côté, l'organisme assermenté par l'État, chargé de les aider, qui se retrouve dans cette situation ! Plus tard, je découvrirai qu'une autre association française, les Nids de Paris, avait à l'époque préféré renoncer à toute collaboration.

Dans l'avion, alors que j'épluche ma liasse de documents, je tombe sur un papier qui s'était glissé au milieu du jugement. Cette découverte est capitale pour moi. Il s'agit d'un rapport de la police de Lima. D'après l'enquête, les Mendoza ont remis à l'association française Rayon de soleil « 13 enfants durant l'année 1980 et 11 enfants en 1981 ». Je tiens enfin la preuve que les 24 enfants adoptés par Rayon de soleil au Pérou à cette époque provenaient bien du trafic Mendoza et donc qu'ils étaient tous des enfants volés ! Ma décision est prise. Dès mon retour à Paris, je retournerai voir Rayon de soleil. Je suis plus que jamais déterminée à les mettre au pied du mur. Maintenant que je détiens une liste « officielle » des enfants volés et la preuve de leur laxisme, les dirigeantes de l'association n'auront plus aucune excuse valable pour ne pas révéler l'affaire aux familles adoptives. Je réalise soudain l'absurdité de la situation : je suis allée jusqu'au Pérou pour chercher cette fameuse liste alors qu'elle doit sûrement dormir dans leurs archives, à Paris. Peu importe, je compte bien me battre au nom de tous ces enfants qu'on a traités comme de vulgaires marchandises.

18. L'omerta

Paris, début août 2004. Siège de Rayon de soleil. Les bureaux sont déserts. Tout le monde semble être en vacances. La présidente de l'association, Anne-Marie Boucher, fait exception. Face à mon insistance, elle m'a accordé un rendez-vous. Cette fois, je ne céderai pas. Je pose sur la table mes « pièces à conviction » : le jugement et la liste des enfants volés. La présidente tente de dissimuler sa surprise. Manifestement, elle ne me croyait pas capable de retrouver cette liste.

— Maintenant, c'est à vous de prévenir les familles adoptives, lui dis-je d'un ton ferme.

Elle jette un œil sur les documents. Sans doute craint-elle que je ne révèle l'affaire aux médias. L'image de son association est en jeu. Aussitôt, elle me propose une solution. Rayon de soleil enverra une lettre aux familles, en leur expliquant en substance : « Nous avons de nouveaux éléments concernant le dossier d'adoption de votre enfant. Si vous souhaitez en savoir plus, contactez-nous ». Cette solution a l'avantage de ne pas forcer la main aux intéressés. Ils auront toujours la liberté de savoir ou de ne pas savoir. Ensuite, Rayon de soleil recevra, en ma présence, les parents curieux. Je pourrai ainsi répondre à toutes leurs questions. Cette solution me convient. Mais il y a un hic ! Anne-Marie Boucher me précise qu'elle doit retrouver les noms et les adresses des parents dans les archives, afin de leur envoyer les courriers. À cet instant, je réalise que rien n'a bougé. Je quitte le bureau en essayant de me convaincre que cette fois, elles vont coopérer. Elles n'ont plus le choix. Toutefois, il me faut encore patienter jusqu'au retour des vacances des employées, à la fin du mois d'août, pour que les recherches puissent enfin commencer.

Peu de temps après mon rendez-vous avec Rayon de soleil, mon grand-père me parle d'un reportage qu'il a vu à la télévision sur cette association. C'était dans l'émission « 7 à 8 », sur TF1. J'appelle aussitôt la rédaction et demande à parler au journaliste qui a réalisé ce reportage. Il s'agit du grand reporter Nicolas Poincaré. Ce dernier m'annonce que Rayon de soleil serait citée dans un autre trafic d'enfants ! Cette fois-ci, il s'agit de 166 enfants maliens adoptés dans des conditions plus que troubles. Cela commence à faire beaucoup. Je repense alors à la réflexion d'Anne-Marie Boucher sur les journalistes. Je comprends mieux pourquoi elle s'en méfiait tant.

L'histoire révélée par le journaliste français remonte au début des années 1990. Des parents maliens avaient envoyé leurs enfants en France dans l'espoir qu'ils y fassent leurs études. D'après eux, la correspondante locale de Rayon de soleil, surnommée « madame Danièle », avait promis aux parents qu'ils resteraient en contact avec leurs enfants, et que ces derniers reviendraient au pays à leur majorité. Nicolas Poincaré m'explique que l'adoption en Afrique n'a pas la même signification qu'en France. Là-bas, compte tenu des difficultés économiques, il est très courant de confier son enfant quelque temps à une tierce personne, puis de le récupérer. « C'est une sorte de placement pour les familles », me dit-il. En langage juridique, cela s'appelle l'« adoption-protection ». Les familles étaient donc passées devant un tribunal local qui avait prononcé cette adoption provisoire. Mais dans le même temps, elles avaient signé un papier qui disait exactement le contraire. Sur ce formulaire avec l'en-tête de Rayon de soleil, les familles maliennes, qui étaient pour la plupart illettrées, donnaient leur consentement pour abandonner leurs enfants définitivement. Sur la base de ces deux documents, la justice française a ainsi pu prononcer des adoptions plénières [1]. À Roissy, les enfants arrivaient par dizaines. Les parents adoptifs s'étaient engagés à donner des nouvelles pendant cinq ans.

En enquêtant au Mali, Nicolas Poincaré avait retrouvé une vingtaine de mères victimes de cette procédure. Douze ans auparavant, l'une d'entre elles avait confié sa fille Djénéba à une famille française. Les premières années, elle recevait des lettres et des photos de son enfant. Sur ces lettres, Rayon de soleil avait caché grossièrement au blanco l'adresse des parents adoptifs. Puis,

1. L'adoption plénière, à la différence de l'adoption simple, assimile totalement l'adopté à un enfant biologique, elle coupe ainsi tout lien de filiation avec sa famille d'origine.

au bout de cinq ans, plus de nouvelles. En France, la petite Djénéba, adoptée à l'âge de six ans par un couple de Nantais, était devenue Aurélie. Nicolas Poincaré lui apprit alors qu'elle n'avait pas dix-huit ans, comme elle le pensait, mais dix-neuf. Sa date de naissance avait été falsifiée. On l'avait rajeunie afin de faciliter son adoption. Le journaliste lui fit une seconde révélation en lui apprenant que sa mère ne l'avait pas abandonnée. Aurélie se sentait trahie. Je pouvais mieux que quiconque la comprendre. À l'annonce de cette nouvelle, elle est partie au Mali retrouver sa mère. Comme moi, lorsque que j'ai vu ma famille péruvienne pour la première fois, Aurélie restait sur ses gardes. On la présentait à ses deux nouvelles petites sœurs, aux oncles, aux tantes... Tout le monde pleurait. La jeune femme découvrait les conditions de vie là-bas, en pays Dogon. Le choc des cultures était énorme. Je me souviens d'une phrase prononcée par l'une de ses tantes : « Un enfant qui ne connaît pas ses origines est un enfant perdu ». C'était exactement ce que j'avais ressenti avant de retrouver ma famille au Pérou. Interrogées par le journaliste, les dirigeantes de Rayon de soleil expliquaient simplement qu'elles n'étaient pas présentes au Mali à cette époque, et donc qu'elles ignoraient ce qui avait été promis par leur ancienne correspondante, « madame Danièle ». Je trouvais cette explication, diffusée dans le reportage, un peu courte. L'ancienne présidente, Marie-Antoinette Lemire, ajoutait que son rôle était de « protéger les parents adoptifs ». Et le sort des enfants dans tout ça, y avait-on songé ?

Plusieurs mois après, Nicolas Poincaré me parle d'une autre affaire, cette fois-ci en Centrafrique, mais toujours par l'intermédiaire de Rayon de soleil. Il me met alors en relation avec une des familles adoptives qui souhaite me rencontrer. Rendez-vous est pris le 20 avril 2005, gare de Lyon, avec Sylvie et Stéphane D. Ce couple me raconte son histoire. Deux ans et demi auparavant, à la veille de Noël, Sylvie et Stéphane ont adopté deux enfants en Centrafrique. Mais tout ne s'est pas passé comme prévu pour le couple qui attendait cet heureux événement depuis près de cinq ans. Quelques mois après avoir rencontré les enfants au domicile d'une assistante sociale à Bangui, ils ont découvert la vérité. Contrairement à la version de l'association, la mère des deux enfants n'était pas morte du sida et le père n'avait pas disparu en brousse. Oscar, l'aîné, a lui-même révélé le pot aux roses, dès qu'il a été en mesure de parler en français : « On a des parents au pays. Ma mère n'est pas morte ! Elle a beaucoup pleuré quand nous sommes partis. Mon père nous a confié à une dame contre un peu d'argent. On devait aller faire nos études en France et après retourner en Afrique ». Plus tard, les époux D. ont découvert que les âges des enfants avaient été truqués. Les deux petits avaient eux aussi été rajeunis.

Ce fut un choc terrible pour Sylvie et Stéphane qui s'étaient fait une joie d'accueillir dans leur maison ces « deux échalas », comme ils les appelaient, en raison de leur taille disproportionnée pour leur âge officiel. Leur rêve a vite tourné au cauchemar. Les deux petits adoptés réclamaient nuit et jour leurs parents, ils voulaient retourner vivre avec eux, dans leur foyer. La petite fille restait prostrée. Le petit garçon présentait de nombreux troubles. Sylvie et Stéphane ont rapidement obtenu confirmation de la véracité des propos tenus par leur fils adoptif. Le procureur de la République de Nantes, chargé de faire la transcription du jugement d'adoption centrafricain sur le registre d'état civil, leur apprit que leur dossier souffrait d'incohérences et d'irrégularités : le consentement des parents n'avaient pas été recueilli, les actes de naissance des enfants n'étaient pas authentiques, les noms avaient été raturés ou changés... Résultat : l'adoption n'avait aucune valeur en France.

Après cette stupéfiante découverte, le couple se tourna naturellement vers Rayon de soleil. Sylvie, une brune fluette au teint pâle, reste choquée par la réponse qu'on lui a faite. Dans une lettre qu'elle me récite par cœur, Liliane Cavallari, la présidente de l'époque explique : « L'enfant en Afrique n'appartient pas à un père et à une mère, mais à tout un clan, et c'est le conseil de famille qui se réunit pour parler de l'avenir de l'enfant et le donner en adoption ». Pour Sylvie, cela revient à renier l'existence des parents naturels de leurs enfants. Certes, le sens de l'adoption n'est pas le même en Afrique, mais les clans n'existent plus que dans certaines contrées reculées. Or les enfants vivaient dans la proche banlieue de Bangui, la capitale du Centrafrique. Quant aux âges truqués et aux irrégularités du jugement, Rayon de soleil affirmait que tout avait été fait « dans les règles ». En clair, Sylvie et Stéphane devaient s'estimer heureux d'avoir des enfants en bonne santé. Dans la lettre qu'elle leur avait adressée, Liliane Cavallari faisait l'inventaire de toutes les maladies qu'auraient pu avoir leurs enfants en arrivant en France : paludisme, tuberculose... Le seul tort que se reconnaissait la présidente de l'association était d'avoir repris trop tôt les adoptions en République centrafricaine. En effet, deux mois auparavant, une tentative de coup d'État avait secoué le pays.

Stéphane et Sylvie en ont été très perturbés. Sylvie m'explique que la présidente remettait en cause leur rôle de parents. Elle nous faisait culpabiliser, allant même jusqu'à dire que certains problèmes dans notre couple étaient peut-être la cause du comportement anormal des enfants. » Yolaine Nael, la responsable des adoptions en Afrique, conclut un jour une lettre par cette phrase expéditive : « Vous avez vos enfants, c'est une affaire close ! » Pour Sylvie et Stéphane, l'affaire était loin d'être close. Impossible de vivre normalement après cette découverte, d'autant que les enfants ne s'intégraient pas et continuaient à réclamer leurs parents. Sylvie a alors pris l'avion pour Bangui. Là-bas, le père naturel lui a juré qu'il était convenu que les enfants reviennent au pays à leur majorité. La mère, elle, semblait triste mais n'osait pas parler en présence de son mari. En attendant, le père ne souhaitait pas les récupérer. La situation était sans issue.

De retour en France, les époux D. contacté un juge pour enfants afin de trouver une solution. En réponse, ils ne s'attendaient pas à recevoir la visite des services sociaux, qui constatèrent la difficile intégration des enfants ainsi que leurs troubles psychologiques et comportementaux. Après deux ans de vie commune, les enfants ont été enlevés à la famille et placés dans un centre d'aide sociale à l'enfance, en Haute-Savoie. Ils y sont encore aujourd'hui. Leur situation administrative est absurde au point qu'ils ne sont ni Français – leur adoption n'ayant aucune valeur en France –, ni Centrafricains – leurs papiers ayant été falsifiés. Traumatisés à vie, bloqués dans un centre, sans famille adoptive ni biologique, les gamins sont les premières victimes de cette escroquerie. Sylvie et Stéphane, eux, sont encore très éprouvés. Il suffit de voir leurs yeux cernés pour imaginer le nombre de nuits blanches pendant lesquelles ils ont dû ressasser cette histoire. Mais leur indignation les pousse à se battre. Car, malheureusement, leur cas n'est pas isolé. D'après Sylvie, une dizaine de familles françaises ont cru, comme eux, adopter en toute bonne conscience des petits orphelins du sida. Sur les 13 enfants adoptés par l'intermédiaire de Rayon de soleil en 2002, seul l'un d'entre eux aurait réellement perdu ses parents.

Avec le recul, ils se souviennent de certains détails pour le moins troublants lorsqu'ils s'étaient rendus à Bangui pour aller chercher les enfants. Il s'agissait d'un voyage groupé, en compagnie d'une dizaine d'autres couples d'adoptants français. Yolaine Nael, la responsable de l'Afrique au sein de Rayon de soleil, leur avait dit de se diviser en deux groupes pour ne pas faire trop « exode ». Comme s'il ne fallait pas se faire remarquer. Les enfants, en plus de ne pas avoir de carnet de santé, n'avaient pas de passeport. Sylvie, son mari et leurs deux enfants ont dû passer la frontière avec un simple laisser-passer signé de la Mission de l'adoption internationale (MAI), une autorité qui dépend du ministère des Affaires étrangères. Ils ont découvert plus tard dans la presse[2] que Rayon de soleil avait, à ce moment-là, des difficultés à obtenir les visas auprès du consulat de France à Bangui, qui contestait la majorité des actes d'abandon, non signés par les parents, et établis après les jugements d'adoption. Yolaine Nael était allée jusqu'à intercéder auprès de l'Élysée afin d'obtenir le feu vert de la MAI. Ce fut chose faite dans un délai record. Après avoir alerté l'UNICEF et les Nations unies, Sylvie et Stéphane ont porté plainte contre X pour escroqueries et abus de confiance.

Le jour de notre rencontre à Paris, ils doivent être entendus par le juge parisien chargé d'instruire leur dossier. Ayant eu vent de mes déboires avec Rayon de soleil, ils souhaitent que j'apporte mon témoignage. À part eux, aucune famille française d'adoptés centrafricains ne s'est manifestée, sans doute par peur de se voir retirer ses enfants. Mon témoignage est donc capital pour eux. Touchée par leur histoire, j'accepte immédiatement. Nous menons le même combat pour la vérité. Aujourd'hui, après plus de trois ans d'instruction, ils sont toujours dans l'attente d'un procès.

---

2. Article de Blandine Grosjean, dans *Libération* du 5 août 2003. « Adoption : les ratages du contrôle. Le Quai d'Orsay a fermé les yeux sur l'origine, entachée d'irrégularités, de 13 Centrafricains. »

19. Les autres enfants volés

Plusieurs fois, je rappelle Rayon de soleil. Je veux absolument savoir où en sont leurs recherches dans les archives pour retrouver les autres enfants volés au Pérou, ceux du trafic Mendoza. La présidente finit par lâcher :

— La personne qui était chargée de chercher dans les archives est absente, elle s'est cassé la jambe...

C'en est trop ! J'ai compris le message. Je me débrouillerai toute seule. Ma décision est prise. Je contacterai moi-même les familles. Je ne peux plus garder ce secret pour moi, les autres enfants volés ont aussi le droit de savoir. Parmi les enfants que je retrouverai, certains souhaiteront garder l'anonymat. C'est un choix que je respecte. À leur demande, j'ai donc modifié leurs prénoms dans les passages qui suivent.

La première personne que je veux prévenir, c'est bien entendu Julia. Depuis que nos parents avaient partagé le même appartement à Lima, nos deux familles sont toujours restées soudées. Elle et moi étions très vite devenues de grandes copines. Gamines, nous faisions les quatre cents coups ensemble. Nos parents nous surnommaient les « fofolles ». Adoptée à l'âge de cinq mois au Pérou via Rayon de soleil, Julia a maintenant vingt-six ans, comme moi. Elle poursuit ses études en province et nous nous voyons toujours régulièrement. C'est une jeune femme pétillante, assez extravertie et épanouie dans sa famille adoptive. Après mûre réflexion, je me dis qu'en tant qu'amie, il est de mon devoir de l'avertir. Je lui raconte d'abord mon enquête, en France et au Pérou, avant de lui révéler que son nom figure parmi les enfants volés. Mais Julia est sceptique. En fait, elle ne veut pas en entendre parler, ou plutôt elle ne veut pas y croire. Elle reste persuadée qu'elle a été abandonnée. Sur le coup, je suis déçue par sa réaction, mais je n'insiste pas. Plus jamais nous n'en reparlerons. Julia n'aime pas aborder le sujet de l'adoption. Elle s'intéresse à la culture de son pays, à l'art et à la musique péruvienne, mais pas à son histoire personnelle. Elle est heureuse en France et pense que la meilleure chose qui lui soit arrivée dans la vie, c'est d'avoir été adoptée. Peut-être aussi qu'elle a peur d'ouvrir les yeux sur son passé. La vérité est parfois douloureuse. Je n'ai pas à la juger.

Dorénavant, il me faut retrouver les familles adoptives des autres enfants volés. Et ce n'est pas une mince affaire. Je ne souhaite pas prévenir les enfants directement. J'estime que c'est à leurs parents adoptifs de leur révéler la vérité. Malgré mes minutieux recoupements, il me manque encore les noms de certaines familles adoptives. Sans compter que je dois aussi trouver leurs adresses. Je passe mes soirées et mes week-ends à chercher des indices sur Internet, au moment même où je suis dans les préparatifs de mon mariage avec Fernando, prévu pour l'automne. Pour y voir plus clair, je fais un tableau Excel dans lequel j'inscris les noms des mères péruviennes, ceux des enfants adoptés, l'âge auquel ils ont été enlevés et leur âge actuel. Je réserve une colonne pour noter mes commentaires.

Ne sachant pas par où et surtout par qui commencer, je contacte d'abord les mères péruviennes. Peut-être auront-elles des informations à me donner sur les enfants qui leur ont été volés ? Dans ma liste, je prends un premier nom au hasard. Il s'agit de Mercedes. J'obtiens ses coordonnées sur Internet, tout simplement dans l'annuaire péruvien. L'avocat que j'ai rencontré à Lima avait évoqué son cas. Nous parlons longuement au téléphone. Entre deux sanglots, elle me raconte son histoire. Cette femme originaire du bidonville de Villa Salvador s'est fait voler trois de ses quatre enfants par les Mendoza. Afin de la rassurer quand elle tentait de leur rendre visite, Luz lui montrait des photos de ses bambins entourés de jouets. Ils avaient respectivement trois ans, deux ans, et le dernier était encore un nourrisson quand il a été enlevé. Depuis vingt-quatre ans, Mercedes remue ciel et terre pour les retrouver. Grâce à des relations dans la police, elle a pu retrouver les noms français et les adresses de ses trois enfants, adoptés par trois familles différentes. Je pense qu'elle a eu ces informations grâce à l'enquête menée par Interpol pour nous retrouver dans les années 80. Après le refus des autorités péruviennes de nous rapatrier, elle a continué seule ses recherches. Mercedes a écrit aux trois familles françaises en leur expliquant sa situation. Elle savait qu'elle ne pouvait pas récupérer ses enfants, mais souhaitait seulement obtenir de leurs nouvelles. Comment s'intégraient-ils ? Étaient-ils heureux, en bonne santé... ? Une des trois familles a répondu à son courrier. Mercedes me donne ses coordonnées. Par chance, l'adresse est toujours d'actualité. Je n'ai aucun mal à retrouver le numéro de téléphone.

J'appelle. Je tombe sur une femme. Elle a bien adopté un garçon au Pérou, vingt-quatre ans auparavant. À l'époque, Yann n'avait que quelques jours. Sa mère est très étonnée d'apprendre comment s'est réellement passé l'adoption de son fils. Quand je lui parle de Mercedes, elle se rappelle alors sa lettre reçue il y a vingt-deux ans. En retour, la mère adoptive de Yann avait passé un coup de fil à Mercedes. À l'époque, elle n'avait pas bien compris ce que cette dame péruvienne lui racontait. La conversation avait été brève. Mercedes ne parlait pas le français et la mère adoptive ne comprenait pas bien l'espagnol. La seule chose que cette dernière crut saisir, c'est que son interlocutrice était la mère biologique de son fils. Pour en savoir plus, elle avait appelé Rayon de soleil. L'une des bénévoles lui avait répondu que la mère péruvienne regrettait sans doute d'avoir abandonné son enfant. La mère adoptive envoya la lettre de Mercedes à l'association afin de procéder à des vérifications. Rayon de soleil n'a jamais donné suite. Quelques années après, Yann a reçu un courrier d'une société de recherches de personnes disparues, basée en Hollande. Une femme vivant apparemment au Chili cherchait à le retrouver. Yann ne comprit pas. Sa mère biologique était censée vivre au Pérou, pas au Chili. En fait, Mercedes était partie s'installer là-bas et avait fait appel à une société de recherches des Pays-Bas, pensant ainsi se rapprocher de la France.

En échangeant nos informations, la mère adoptive de Yann et moi-même commençons à y voir plus clair. Elle me dit que mon appel tombe à point nommé. Depuis peu, Yann souhaite renouer avec ses origines. Il a d'ailleurs demandé à Rayon de soleil de lui communiquer son dossier d'adoption. Mais il ne l'a jamais obtenu. Je rencontre Yann trois mois plus tard, à Paris. C'est un garçon réservé, pas très sûr de lui. Il enchaîne les petits boulots dans une ville de province. Il n'a pas l'air curieux de découvrir les coulisses du trafic. Yann désire retrouver sa mère, un point c'est tout. Il pense souvent à elle, et la seule chose qu'il possède d'elle, c'est une photo récupérée par ses parents adoptifs au Pérou. Je lui laisse alors les coordonnées de Mercedes, sa mère biologique. Au téléphone, elle lui apprend qu'il a une sœur et un frère qui vivent également en France. Yann souhaite les connaître. Il me demande de l'aider. Je n'y suis pas hostile, au contraire, car j'ai promis à Mercedes de lui donner des nouvelles de ses deux autres enfants. Avec les noms et les adresses qu'elle m'a laissés, je me lance dans un nouveau jeu de piste.

Je retrouve d'abord la famille adoptive d'Audrey, fille de Mercedes et sœur de Yann, âgée aujourd'hui de vingt-sept ans. Au téléphone, le père adoptif ne croit pas un mot de ce que je lui raconte. Il prétend même qu'il connaît les époux Mendoza et que ce sont d'honnêtes gens ! Je suis très surprise de sa réaction. En tout cas, il refuse de prévenir Audrey et même de l'informer que son frère la recherche. Je pense qu'à son âge, elle est pourtant assez mûre pour décider seule. Plusieurs mois après, je retrouve la trace de la jeune femme sur Internet. Je la contacte, elle est en fait ravie d'apprendre qu'elle a un frère. J'organise leur rencontre dans un café parisien. Audrey est une jolie jeune femme, assez timide. Leurs retrouvailles sont touchantes. En assistant à cette scène, je suis amusée, car Yann et elle cherchent leurs ressemblances, comme moi j'ai pu le faire avec mes sœurs. Depuis, ils se revoient.

Quant au troisième enfant volé de la fratrie, que j'appellerai Mathieu, il porte un nom de famille très courant, comme Dupont ou Durand. Ses parents adoptifs ayant déménagé, c'est un vrai casse-tête pour les localiser. Après moult appels dans toute la France, je retrouve enfin un membre de sa famille qui m'aiguille. Au téléphone, la mère de Mathieu me prévient que son fils de vingt-six ans est un garçon très sensible et fragile, et qu'il ne souhaite pas connaître son passé péruvien quel qu'il soit. N'y voyant pas de contradiction, elle me raconte tout de même que son fils adoptif a essayé de retrouver sa sœur quelques années auparavant. Adopté à l'âge de deux ans, Mathieu se souvenait d'Audrey, d'un an son aînée. En revanche, il ignorait l'existence de son frère cadet. Sa mère me promet de lui en parler. Des mois plus tard, alors que je suis sans nouvelles, je retrouve la trace de l'enfant devenu adulte. Sa mère lui a bien parlé de mon appel, mais il n'est pas encore prêt à rencontrer son frère. Je n'insiste pas et ne lui parle pas du trafic, ce n'est pas à moi de le faire. Mathieu entrera en contact avec Yann quelque temps plus tard.

De mon côté, j'ai encore de nombreuses personnes à prévenir. Les parents adoptifs de Yann me donnent les coordonnées d'un autre couple de Français qui logeait dans le même appartement qu'eux à Lima. Me voilà en train d'appeler la mère d'Hélène. Comment va-t-elle réagir ? Elle me dit que sa fille de vingt-quatre ans est déjà suffisamment « perturbée », qu'il ne faut pas la déranger avec cette histoire pendant ses études. Elle lui en parlera quand Hélène aura passé ses examens, dans six mois ! Je lui demande alors si elle connaît le nom péruvien de sa fille afin que je puisse le rayer de ma liste. Sèchement, elle me répond par la négative. Elle ajoute que le dossier d'adoption de sa fille se trouve dans un coffre à la banque ! Jusque-là, je croyais naïvement que tous les parents adoptifs étaient comme les miens, mus par le souci du bonheur de leurs enfants. Confrontée à ce genre de réaction, je prends conscience de l'importance des secrets de famille. Sans grand espoir, je laisse tout de même mes coordonnées à la mère d'Hélène. Je n'aurai évidemment pas de nouvelles.

Je ne me décourage pas pour autant et je continue mes recherches. Le nom des parents adoptifs de Maud, vingt-quatre ans, est mentionné dans le jugement. C'est bien le seul. Je retrouve facilement leur adresse et leur numéro de téléphone. C'est le père de Maud qui décroche. L'accueil est glacial. Il ne semble absolument pas surpris que je lui annonce que sa fille n'a pas été abandonnée. D'emblée, il me dit que cela ne l'intéresse pas. Puis, il devient de plus en plus offensif.

— Je peux savoir quel est votre objectif dans tout ça ?

J'essaye de le convaincre qu'apprendre qu'on a été volé à ses parents n'est pas un détail pour un adopté. J'explique.

— Si un jour, votre fille vous pose des questions sur son adoption, qu'est-ce que vous allez lui répondre ?

Silence. Il conclut en proférant, d'un ton menaçant :

— À l'avenir, j'aimerais que vous évitiez de m'appeler !

Et il raccroche. À ce moment-là, je commence à douter du bien-fondé de ma démarche. Est-ce à moi de prévenir les familles des enfants volés ? Est-ce que j'ai le droit de le faire ? Puisque les mères péruviennes ne viendront pas en France le leur annoncer, puisque Rayon de soleil ne le fera jamais... qui va s'en charger ? Je dois continuer à me battre pour eux, pour qu'ils sachent que leurs mères ne les ont pas abandonnés. Ce combat, je le mène aussi pour elles. Leur souffrance, celle de ma propre mère, celle de Mercedes et des autres, sont intolérables. Perdre un enfant est la chose la plus horrible qui puisse arriver à une femme. Je le conçois d'autant plus que je suis moi-même mère. Je trouve tellement injuste que ces femmes à qui on a enlevé les enfants, soient en plus privées de nouvelles. Je suis convaincue que certaines familles adoptives sont en mesure de le comprendre. Je me rassure en me disant que la réaction du père de Maud doit être exceptionnelle. J'espère que ma prochaine tentative ne sera pas aussi désolante.

Pour retrouver la trace de Sophie, j'appelle d'abord sa mère biologique, Brigida. Cette dernière a réussi à se procurer l'acte de naissance de sa fille sur lequel est mentionné le nom de sa famille adoptive française. Grâce à quoi je localise rapidement les parents de Sophie. Mais je suis loin d'imaginer un tel accueil :

— Ah ! J'attendais votre appel, me dit la mère de Sophie. Rayon de soleil m'a prévenue que vous alliez m'appeler !

Sur le coup, je reste bouche bée. Plus tard, j'apprendrai que Rayon de soleil, alertée par certaines familles que j'ai contactées, a prévenu les autres. À peine ai-je le temps d'expliquer la raison de mon appel que la mère de Sophie me traite de « folle ».

— Ma fille ne veut rien savoir ! Et puis, vous êtes qui pour faire ça ? Vous vous prenez pour un flic ou un juge !?

Ensuite, elle menace de porter plainte contre moi pour atteinte à la vie privée. Pourquoi être si agressive ? Je suis blessée par ses propos. Mais ce qui m'embête le plus, c'est que je ne vais pas pouvoir donner de nouvelles de sa fille à Brigida. Je suis dépitée. Après ce coup de fil, j'abandonne l'idée de contacter d'autres parents adoptifs. Toutefois, ce secret est bien trop lourd à porter pour moi. Je détiens des histoires qui ne m'appartiennent pas et que je ne pourrai sans doute jamais dévoiler. Peut-être ai-je croisé certains de ces adoptés dans la rue ? Je sais quelque chose de très intime sur leur vie qu'eux-mêmes ignorent. Leurs histoires m'obsèdent. Je rêve souvent d'eux. Que je le veuille ou non, ils font désormais partie de ma vie.

Heureusement que mes parents sont là pour me soutenir. Ils me jurent qu'eux-mêmes auraient apprécié être avertis. Cela me redonne le courage de poursuivre cette quête de vérité. Mais cette fois, elle passera par Internet.

C'est ainsi que sur un forum de discussion réservé aux adoptés, je rencontre par hasard Killya. Elle a été adoptée au Pérou à l'âge de cinq ans, en même temps que son frère biologique, Paco. Killya, alors âgée de trente ans, m'explique les relations difficiles qu'elle entretient avec ses parents adoptifs. Dans sa famille, l'adoption est un sujet tabou. Elle n'a jamais pu accéder à son dossier. Une fois, elle a fouillé en cachette dans le bureau de sa mère et a découvert une facture. Dessus, il y avait le prix des deux enfants : 6 000 dollars. Cette découverte l'a traumatisée. Killya est une jeune femme fragile. J'essaye de la conseiller. Puis un jour, je lui raconte mon histoire. Elle me répond par cette phrase qui peut paraître choquante :

— Tu as de la chance d'avoir été volée ! J'aimerais bien être à ta place. Moi, on m'a toujours dit que ma mère était morte, mais je n'y crois pas. Si j'apprenais un jour que j'ai été volée, ce serait pour moi un soulagement.

Par acquit de conscience, je lui demande la date et le lieu de son adoption : 1981, Lima. Je commence à trouver ça étrange. Elle se souvient de son prénom péruvien et de celui de son frère. Après recoupement avec son nom de famille français, je la retrouve dans ma liste. Elle fait en effet partie des enfants volés. Killya ne veut pas y croire. D'après la plainte déposée par sa mère, elle n'avait pas six ans lors de sa disparition, mais sept ans. Elle était donc la plus âgée de toutes les petites victimes du trafic. Sans doute a-t-on voulu la rajeunir pour la faire adopter plus facilement, comme les petits enfants centrafricains. Aujourd'hui, elle aurait donc trente et un ans ? Son état civil a-t-il été falsifié ? Je pars à sa rencontre dans le nord de la France. En voyant la photo de son passeport et celle de son frère, elle réalise la vérité. Cette nouvelle fait rejaillir en elle de vieux souvenirs jusqu'ici refoulés. Killya a grandi dans les *favellas* avec son frère d'un an son cadet. Son père buvait beaucoup et les frappait souvent. Elle se souvient que sa mère les déposait chaque matin dans un appartement qui faisait office de garderie. Là, on les plaçait sur un balcon fermé par une grille. Elle se rappelle qu'ils avaient froid et faim. Derrière cette grille, elle voyait d'autres enfants : deux garçons, entre cinq et sept ans, et un plus jeune, d'à peine deux ans. Sa mère venait leur dire au revoir de l'autre côté de la grille. Elle disait toujours : « Je reviens vous chercher ce soir ». Jusqu'au jour où « un monsieur » est venu leur annoncer, à elle et à son frère, que leurs parents étaient morts. Les enfants ont beaucoup pleuré, ils avaient peur de se retrouver seuls, dans la rue. Le « monsieur » les a rassurés, il leur a dit qu'il allait leur trouver de « gentilles familles » pour s'occuper d'eux. Killya et Paco l'ont alors suivi dans un hôtel, accompagnés des trois autres garçons. Deux Européennes les y attendaient. Elles se sont partagé les enfants. Une mère adoptive a pris Killya et son petit frère, et l'autre femme a gardé le plus jeune des trois garçons. La transaction fut rapide. Killya ne sait pas où sont partis les deux autres enfants. Depuis toujours, elle s'imagine que ce sont ses frères. Elle me montre une photo d'eux cinq, avec les deux mères adoptives.

Désormais, Killya veut retrouver sa mère biologique. Elle appelle donc Rayon de soleil pour obtenir son dossier. J'entreprends de l'aider. Ce n'est pas si facile car la femme qui l'a mise au monde n'habite plus au Pérou. Penelope est devenue domestique dans une famille aux Pays-Bas. En se rapprochant de la France, elle a pensé retrouver plus facilement ses enfants. Depuis vingt-cinq ans, elle les cherche ainsi, en Europe. À la différence d'autres mères, Penelope n'a jamais refait sa vie. Sa seule raison d'être, ce sont ses enfants. Elle les avait placés dans la « crèche » des Mendoza suite aux conseils d'un prêtre belge qui n'avait rien d'un complice. Celui-ci, également dupé, a tenté de se racheter par la suite. Il a alerté en vain la presse, divers ONG et Rayon de soleil. Mais l'association française a refusé obstinément de mettre Penelope en relation avec ses enfants. Dans une lettre adressée au prêtre, datée de 1984, la présidente de Rayon de soleil, Marie-Antoinette Lemire, confirme être au courant de la récente condamnation des Mendoza, avant d'oser ajouter : « Quelle triste histoire... » ! Et de s'en tenir là.

Penelope a fini par faire appel à une société de recherches. Toutes ses économies y sont passées. Elle ignorait que cette quête éperdue avait des conséquences directes sur la vie de sa fille. Killya se souvient avoir passé son enfance à déménager dans l'urgence. Sa mère adoptive lui disait que des gens leur voulaient du mal. Les deux enfants avaient ordre de ne pas répondre au téléphone en son absence. Un jour, à la sortie de l'école, deux inconnus sont venus les chercher. Paco et Killya ont refusé de les suivre. Ces personnes étaient sans doute les enquêteurs envoyés par Penelope. Le jour où Killya parle pour la première fois avec Penelope, sa mère qui l'a recherchée pendant vingt-cinq ans, la conversation est brève. Killya ne parle pas bien l'espagnol. Elle préfère communiquer avec sa mère par mon intermédiaire. Je lui sers de « filtre » en quelque sorte, ça la rassure. Elle n'est pas encore prête à la rencontrer physiquement, et je ne la pousse pas. Mais Penelope a du mal à accepter cette distance après tant d'années. Quant à Paco, son fils, il ne souhaite pas renouer avec le passé.

De mon côté, je poursuis mes recherches à partir d'une photo de Killya, sur laquelle elle tient dans les bras un petit garçon d'environ deux ans. Ce garçon s'appelle Lionel et il a été adopté en même temps qu'elle. Killya s'en souvient parfaitement. J'arrive à retrouver Lionel sur ma liste. Son nom français ne m'est pas inconnu. En effet, je l'ai rencontré par le biais d'un forum Internet deux ans auparavant. Lionel pensait alors avoir été trouvé sur un marché. Je l'appelle et lui explique toute l'histoire. Il se trouve qu'il a également dans son dossier une photo où une grande fille le porte. Avec Killya, ils s'échangent leurs clichés pour vérifier. Ce sont les mêmes ! Ils sont très émus de se retrouver.

Sur un forum Internet, je fais également la connaissance de Virginie. L'histoire de cette Péruvienne de vingt-six ans ressemble étrangement à la mienne. Adoptée à Lima en 1980 par Rayon de soleil, Virginie a voulu retrouver sa mère biologique suite à la naissance de son deuxième enfant. Dans son dossier d'adoption, il est écrit que sa mère avait seize ans quand elle l'a abandonnée et que son père ne l'a pas reconnue. Par réflexe, je vérifie si son nom péruvien apparaît dans ma liste. Malheureusement, oui. Virginie est bien une enfant volée. Elle a gardé contact avec deux autres adoptés péruviens, dont les parents se sont connus à Lima, dans un appartement loué par les Mendoza. Étrange coïncidence : à eux aussi, on a dit que leur mère avait seize ans à l'époque, et qu'ils étaient nés de père inconnu... Plus j'avance dans mes recherches, plus je m'éloigne de mon cas personnel, et plus j'ai l'impression de rencontrer d'autres moi-même.

20. « La Voix des adoptés »

Toujours sur le web, je fais une rencontre essentielle pour moi, qui va m'inciter à emprunter un autre chemin au service des adoptés, en dehors des enfants volés. Marie a été adoptée au Pérou dans des conditions tout à fait normales. Cette jeune graphiste de vingt-trois ans cherche à connaître ses racines. Je lui servirai de guide dans le milieu latino parisien, comme Joann l'avait fait pour moi deux ans auparavant.

Ce samedi après-midi d'octobre 2004, le Pérou est aux portes de Paris. Dans un local associatif de Saint-Denis, les enfants se trémoussent au rythme de la salsa, des femmes discutent autour d'un Inca Cola. En cuisine, on prépare des *yuquitas*, ces boules de manioc frites et des *picarones*, des beignets au miel, mais aussi de bons gros gâteaux à la confiture de lait. Marie ne sait plus où donner de la tête. Pour la première fois elle se retrouve immergée dans le monde latino. Le regard extasié, elle se met soudain à pleurer. La voix pleine de sanglots, elle s'excuse de ne pouvoir m'expliquer sa réaction. Mais je la connais trop bien. En la regardant, je me vois deux ans auparavant. Cette étrange sensation de plénitude, je l'ai ressentie moi aussi en découvrant les fêtes péruviennes. Marie est dans son élément. Elle sent quelque chose renaître en elle, quelque chose qu'elle n'a pourtant pas connu mais qui lui manquait inconsciemment. Nous sommes les deux seules dans cette salle à pouvoir nous comprendre. Les deux seules adoptées. Enfin, je peux partager ces sensations avec quelqu'un. À l'époque, même Fernando ne me comprend pas. Pour lui, Péruvien, tout cela est normal. Je me sens souvent seule, incomprise, perdue entre deux cultures. Avec Marie, plus besoin de parler, nous sommes sur la même longueur d'ondes. Si bien que nous nous mettons à imaginer une grande tablée où des dizaines de gens comme nous, des adoptés, pourraient discuter. Nous ressentirions sûrement les mêmes émotions, et pourrions partager de grands moments. Ça devient « notre rêve ». Nous nous promettons de le réaliser un jour. Dans le taxi qui nous ramène à Paris, la réalité nous rattrape. Marie culpabilise de s'être sentie si bien dans cette fête. Il faut dire que ses parents ne voient pas d'un bon œil ce retour aux sources. Plus tard, j'emmènerai Marie dans des boîtes latinos. Euphorique, elle découvrira la musique, la danse, l'insouciance, en apparence du moins. Et en sortant d'une de ces soirées, elle m'avouera qu'elle se sent « sale », comme après avoir transgressé un interdit.

Nous n'oublions pas pour autant « notre rêve », et nous mettons en quête d'autres adoptés. Après avoir envoyé des dizaines de messages sur des forums Internet, quelques filles d'origine péruvienne répondent à l'appel. Ainsi je rencontre Killya, Clara et Lydia. Elles ont entre vingt et trente ans, et nous passons ensemble des soirées entre adoptées. Nous comparons nos enfances, nos adolescences, nos relations avec nos parents adoptifs... Ces discussions à bâtons rompus m'aident à répondre à de très anciennes questions. Soudain, mes doutes sur mon identité, mes réactions face au regard des autres me paraissent normaux. Avant, je n'avais aucun moyen de comparaison. Je ne connaissais pas d'autres adoptés à part Julia, avec qui je ne parlais jamais de ce sujet.

Toutes les cinq, nous nous comprenons sans nous juger. Je leur parle du Pérou, des retrouvailles avec ma famille... Et très vite, les filles souhaitent à leur tour connaître leurs mères biologiques. C'est étrange, on ne pense jamais à son père dans ces moments-là. Pour Killya, c'est relativement facile, puisqu'elle avait été victime des Mendoza au même titre que moi. Mais pour les autres, c'est plus compliqué. Dorénavant, je sais que nous ne pouvons pas compter sur les organismes d'adoption pour obtenir des renseignements. J'entre alors en contact avec un assistant parlementaire au Congrès péruvien, Angel, qui a rendu quelque temps auparavant des services à Mercedes, la mère des trois enfants volés. Après quelques mails, Angel se porte volontaire pour nous aider à retrouver les mères d'enfants adoptés normalement. Il lui suffit d'entrer le nom des mères biologiques dans un fichier informatique qui recense tous les citoyens péruviens pour en sortir une fiche d'état civil de la personne, photo à l'appui, indiquant son âge, son adresse, son statut marital, son niveau d'études, un extrait de son casier judiciaire... Grâce à ce système, je réussis à localiser les personnes recherchées. C'est du système D, mais ça marche. Je suis tellement contente de pouvoir me rendre utile que je fais tout dans la précipitation. Je n'imagine pas une seule seconde que les retrouvailles puissent mal se passer. En fait, je n'ai pas suffisamment de recul sur moi-même pour mettre les autres en garde. Plus tard, je comprendrai qu'une recherche d'origine doit se préparer sérieusement.

Avec mes nouvelles amies, nous réfléchissons à l'idée de fonder une association d'adoptés péruviens. Puisque nos discussions ont été bénéfiques pour nous, pourquoi ne pas les faire partager à d'autres ? Je me renseigne alors sur les structures existantes. Je suis étonnée d'apprendre que, s'il y a pléthore d'associations de parents adoptifs, il n'existe en France que deux associations dont les membres sont adoptés eux-mêmes. Ces organisations sont centrées sur le Liban et la Corée. « Racines coréennes » semble être la plus à même de pouvoir répondre à nos questions. Créée en 1995 par de jeunes adoptés, cette association siège au Conseil supérieur de l'adoption. Avec Marie, nous rencontrons sa présidente et sa fondatrice dans un restaurant parisien. Au cours du dîner, je me rends compte de nos points communs malgré nos différences d'origines. Nous partageons nos expériences tout comme nous l'avions fait entre filles originaires du Pérou. Je commence à réaliser que le pays d'où nous venons a finalement peu d'importance. Ce qui compte, c'est de se retrouver entre adoptés. En sortant du restaurant, ça devient une évidence : il faut créer une association pour les adoptés de tous pays confondus puisqu'il n'en existe pas. Je décide de l'appeler « La voix des adoptés ». Je serai la présidente. Nous nous fixons quatre objectifs : créer un lieu d'échanges, aider et accompagner les adoptés qui recherchent leurs origines, dénoncer les trafics liés à l'adoption. Et collaborer avec les parents adoptifs, qu'il n'est pas question de laisser de côté. Nous nous lançons tête baissée sans même savoir si d'autres adoptés vont nous suivre dans cette aventure. Très vite, notre cercle s'agrandit. Les premiers adhérents viennent d'Amérique latine : Pérou, Guatemala, Colombie, Brésil... Puis, au fil des mois, tous les continents se trouvent représentés. Aujourd'hui, l'association compte une soixantaine d'adhérents. La plupart sont de jeunes adultes adoptés au début des années 80, lors du boom de l'adoption internationale.

Une fois par mois, nous nous retrouvons dans un restaurant, à Paris. Le premier repas est un succès. Nous sommes une vingtaine d'adoptés réunis autour de la même table, une table multicolore. Le rêve que nous avons fait avec Marie a pris forme. Alors qu'enfants, nous avions l'habitude d'être le ou la seul(e) adopté(e) de la classe, ici la donne s'inverse. Mon intuition s'avère exacte, les adoptés ont besoin de s'exprimer. « Tu viens d'où ? », « À quel âge as-tu été adopté ? », « Tu as des frères et sœurs biologiques ou adoptifs ? », « Comment ça se passe avec tes parents ? »... Finalement, nous nous posons les questions qui nous dérangeaient autrefois dans les cours de récréation. La différence, c'est que nous sommes là pour en parler sans incrimination ni tabou. Certains adoptés ont de gros problèmes de communication dans leur famille. Ces réunions leur permettent de se confier. La plupart sont plutôt épanouis, ils ont juste envie de connaître d'autres adoptés. À chaque repas, de nouveaux adhérents nous rejoignent. Certains viennent même de province et de Suisse.

Un soir, un couple de parents, accompagné de leur fille adoptive, se joint à nous. Mélissa, une petite métisse aux cheveux bouclés, a onze ans et rencontre quelques soucis d'intégration au collège. Ses parents pensent que cela lui fera du bien d'en parler avec d'autres adoptés. Elle me raconte qu'elle se sent exclue dans sa classe, qu'on lui fait des remarques désobligeantes sur sa couleur de peau. Cela me rappelle mes années collège, lorsqu'on me traitait de « Noire » ou de « pute péruvienne ». À cette époque, j'aurais bien aimé trouver quelqu'un à qui parler. Mélissa a l'impression d'être seule au monde. Je tente de la rassurer en lui expliquant que tous les adoptés sont passés par là. Je lui donne quelques conseils pour ne pas se faire marcher sur les pieds. Depuis, elle m'appelle quand ça ne va pas. Je suis devenue une sorte de marraine pour elle, quelqu'un à qui elle peut tout dire. Cette rencontre nous donne l'idée de réserver au sein de l'association un espace dédié aux enfants et adolescents. Il est baptisé « L'adoption de toi à moi ». L'adopté peut se confier à une marraine ou à un parrain plus âgé. Ce dernier porte un regard différent de celui de ses parents adoptifs. Grâce à son expérience, le parrain ou la marraine peut comprendre, soutenir et répondre plus facilement aux interrogations du jeune garçon ou de la jeune fille. Aujourd'hui, six enfants de cinq à dix-sept ans sont parrainés par des membres de l'association, en règle générale à la demande des parents adoptifs.

Rechercher ses origines ne veut pas forcément dire retrouver ses parents biologiques. C'est avant tout découvrir sa culture. Nous avons pour cela créé des cellules en fonction des pays d'origine des différents membres : Pérou, Chili, Bolivie, Viêtnam, Inde, Afrique... Chaque cellule est dirigée par un membre qui connaît bien son pays, qui parle la langue ou qui y est retourné au moins une fois. Ainsi il peut faire découvrir aux autres les traditions, l'art, la danse, la cuisine, les mœurs de son pays d'origine. Connaître sa culture est le préalable à toute recherche de famille biologique. Pour chaque pays représenté, une personne de La voix des adoptés se charge d'aider les adoptés dans leurs démarches. Ces derniers ne savent généralement pas comment s'y prendre tout seul. S'il existe en France le Conseil national pour l'accès aux origines personnelles (CNAOP), je ne connais aucun adopté né à l'étranger qui ait réussi à retrouver ses parents par ce biais, ni par aucun autre organisme d'adoption agréé par l'État d'ailleurs. Résultat : nous recevons de plus en plus de demandes qu'il faut canaliser.

Nous refusons de faire l'apologie de la filiation biologique. Tout enfant a le droit de savoir d'où il vient et de connaître ses origines, mais la démarche de retrouver un parent biologique est quelque chose de très personnel, d'intime. Sa motivation dépend de l'état d'esprit de l'intéressé. S'il rejette sa famille adoptive, par exemple, la recherche de filiation ne sera qu'une fuite en avant. Dans ce cas, nous l'en dissuadons. Car les retrouvailles ne se passent pas toujours comme prévu. Je l'ai compris avec les expériences de Lydia et de Marie. Après l'avoir retrouvée au Pérou, la famille biologique de Lydia m'annonça que sa mère ne souhaitait pas communiquer avec elle. Ce fut une grande déception pour Lydia. Aujourd'hui encore, sa mère refuse tout contact. Elle ne se sent pas prête. Voir ressurgir un enfant abandonné vingt ans auparavant peut être traumatisant. Et puis, il y a la culpabilité... Lydia a déjà parlé à ses sœurs, à ses tantes, à son grand-père, mais toujours pas à sa mère. Aujourd'hui, nous prévenons les adoptés qu'ils doivent s'attendre à cette éventualité.

Quant à Marie, elle s'est sentie très vite étouffée par sa mère biologique. Celle-ci voulait prendre une place trop importante dans sa vie, comme pour se rattraper de l'avoir laissé partir une vingtaine d'années plus tôt. Sans cesse, la mère de Marie lui répétait qu'elle ne l'avait pas abandonnée. Elle expliquait qu'enceinte à l'âge de treize ans, on lui avait retiré son bébé pour le placer dans un orphelinat. Sa mère débordait d'affection. Elle lui fixait des rendez-vous téléphoniques toutes les semaines. Une invasion que Marie supporta mal, d'autant que sa mère la sollicitait financièrement. Trop souvent quand l'enfant adopté retrouve ses parents biologiques, le décalage de niveau de vie brouille les relations. L'adopté, s'il n'y prend pas garde, se transforme en banquier de la famille. Il faut être capable de dire non, de tracer une ligne rouge. Pas si facile.

Afin de sonder la motivation des adoptés, je passe beaucoup de temps au téléphone avec eux. Dans 70 % des cas, la discussion les incite à abandonner. Ils ne sont pas prêts. Je préfère qu'ils s'en rendent compte d'eux-mêmes. En un an et demi d'existence, nous avons reçu une centaine de demandes. Nous ne pouvons pas toutes les traiter. Treize retrouvailles ont cependant été célébrées. Dans cette quête d'origine, je rappelle souvent aux adoptés qu'ils ne doivent pas oublier leurs parents adoptifs. Il est essentiel de les préparer et dans la mesure du possible de les rassurer. Certains culpabilisent leur enfant dans ces moments-là en leur disant par exemple : « Nous, on t'a sorti de là, pourquoi veux-tu y retourner ? », notamment parce qu'ils ont peur de le perdre. Ils redoutent que leur enfant les aime moins qu'avant ou bien reste vivre dans son pays d'origine. Ce qui arrive rarement étant donné le choc des cultures.

Beaucoup de parents remettent en cause l'éducation qu'ils ont donnée à leur enfant adopté. Je les entends dire : « Qu'est-ce que nous avons fait de mal pour qu'il veuille retrouver sa mère ? » Cela n'a rien à voir, c'est un besoin irrationnel. Certains le ressentent, d'autres pas. Mais je comprends l'inquiétude des parents. Les miens aussi ont eu peur que je m'éloigne, que je veuille m'installer au Pérou. En m'inspirant de mon exemple personnel, j'essaye de convaincre les parents adoptifs que leurs enfants peuvent tout à fait effectuer des recherches sur leur passé sans pour autant se détacher d'eux. Accepter, c'est un merveilleux cadeau à son enfant. Car ces démarches nous aident à construire notre identité. Le risque est d'ailleurs limité. Dans la majorité des cas, après avoir retrouvé ses origines, l'adopté revient vers ses parents adoptifs. Il court après son passé pour se rendre compte au final que sa vie est ici, en France, avec eux.

Les retrouvailles après plusieurs décennies peuvent aussi être difficiles pour les parents biologiques. Les mères ne comprennent pas toujours nos réactions. Elles nous trouvent trop distants, pas assez démonstratifs. Elles se sentent un peu délaissées... Lors d'un troisième voyage au Pérou, j'ai réuni toutes celles que j'avais retrouvées. Je tenais à les recadrer en quelque sorte, avant que leurs enfants ne les rencontrent. Elles étaient une dizaine à m'attendre comme le messie chez les parents de Fernando. Certaines avaient été victimes du trafic Mendoza, d'autres non. Après leur avoir offert des cadeaux de la part de leurs enfants respectifs, j'ai tenté de leur expliquer les choses simplement. J'avais pu tirer quelques enseignements de mon expérience personnelle et de celle d'autres membres de l'association. Une sorte de « dix commandements » à l'usage des mères biologiques :

« N'essayez pas de prendre la place de leurs parents. Vos enfants ne peuvent pas vous considérer comme leur mère. Même s'ils vous respectent, ils ont besoin de temps pour vous connaître, vous apprécier, vous aimer... Il ne faut pas les étouffer sinon, cela risque de dégrader les relations que vous commencez à construire avec eux, voire même de les faire fuir. Ne vous sentez pas rejetées si certains de vos enfants ne vous donnent pas de leurs nouvelles aussi souvent que vous le souhaiteriez. Leur réaction est normale, ils ne cherchent pas à vous faire du mal. Ne les brusquez pas, respectez leur retenue. C'est aussi pour eux un grand chamboulement dans leur vie. Ne critiquez jamais les parents adoptifs ! Dans tous les cas, ils resteront nos parents. C'est grâce à leur éducation et à leur amour que nous sommes devenus ce que nous sommes aujourd'hui. Un adopté a le droit d'être en colère contre ses parents, vous non. En critiquant les parents, c'est l'adopté que vous attaquez. Ne prenez pas vos enfants pour des banquiers. En France, nous ne sommes pas milliardaires. Beaucoup d'entre nous débutent leur vie professionnelle et ne gagnent pas beaucoup d'argent. Vos enfants ne sont pas tenus de vous aider financièrement. S'ils le font, ça doit être un choix de leur part (...) »

Je crois que le message a été compris. À la fin de la réunion, je filme toutes les mères pour qu'elle disent un mot à leurs enfants par caméra interposée. Toutes remercient les parents adoptifs pour l'éducation dispensée. Par la suite, certaines leur écriront et enverront des cadeaux. Deux filles de l'association achèteront des billets d'avion pour partir à la rencontre de leurs mères, avec bonheur. Dans d'autres cas, il sera plus ardu de faire admettre ces règles de bonne conduite. Par exemple, Penelope, la mère de Killya et Paco, a beaucoup de mal à accepter la distance de sa fille et le refus de communiquer de son fils. Elle a seulement échangé deux ou trois mails avec son fils, mais il ne veut rien savoir d'elle. Elle ne comprend pas pourquoi il lui demande des nouvelles de la politique péruvienne au lieu de lui demander comment elle va ! Sans doute est-ce pour lui une façon de se préserver. Cette petite femme qui a passé vingt-cinq ans de sa vie à chercher ses enfants se retrouve aujourd'hui seule et malade. Elle me fait énormément de peine. J'essaye de la rassurer comme je peux. Maintenant que j'ai mis un doigt dans l'engrenage, je suis bien obligée de donner des explications à toutes ces femmes. Je ne peux plus faire machine arrière. Elles ne peuvent compter que sur moi pour avoir des nouvelles de leurs enfants. Je suis leur ultime recours. Parfois, je me sens impuissante.

Au cours de mon séjour au Pérou, je vais rencontrer Angel, l'assistant parlementaire qui nous aide beaucoup dans nos recherches. Nous avons rendez-vous dans les bureaux du Congrès péruvien. Dans la salle d'attente où des dizaines de personnes patientent, on peut lire cet avertissement, collé au mur : « Le député n'est pas là pour faire œuvre publique (construire un pont, un collège...), ni pour intervenir dans des litiges privés, ni pour vous aider à trouver un travail ». Pourtant, dans cette pièce, les gens n'attendent qu'une seule chose : le petit coup de pouce d'un député. C'est une forme de clientélisme très répandue au Pérou. Mon tour arrive enfin, je dois d'abord récupérer un ticket m'autorisant à accéder aux bureaux des députés. Je tends ma carte d'identité à la guichetière. Elle la regarde, d'un air suspect. Il est vrai que ma situation prête à confusion : sur mes papiers français, il est écrit « Née au Pérou », mon nom de femme mariée est un nom péruvien... et pourtant, je suis française ! La guichetière m'assure le contraire : « Vous êtes péruvienne et cette carte d'identité est fausse ! » Nous parlementons pendant un bon quart d'heure avant qu'elle ne me délivre le fameux sésame.

Derrière une lourde porte en bois, deux hommes s'affairent dans un grand bureau qui empeste le tabac froid. Angel se lève pour m'accueillir. C'est un beau brun, les cheveux gominés, pantalon beige et veste de velours marron, très classe. Il est heureux de faire enfin ma connaissance, cela fait presque un an que nous collaborons ensemble par mails interposés. Il m'a aidée à retrouver une dizaine de mères grâce à son fichier informatique. La plupart du temps, les adoptés disposent de leur nom d'origine, mais ce jour-là, nous devons justement parler d'un cas où le nom ne figure pas dans le dossier d'adoption. Angel pensait pouvoir obtenir auprès du ministère de la Famille la liste de tous les enfants adoptés au Pérou dans les années 80, avec les dates et les noms. Il m'annonce que sa demande a été refusée, au motif, selon le ministère, que ces informations sont « confidentielles ». Même Angel n'a pas accès à ces renseignements. Il n'est pas possible non plus d'obtenir de statistiques officielles des adoptions ! Les autorités péruviennes ont encore du travail à faire en matière de transparence. L'assistant parlementaire s'en désole lui-même.

Un exemple parmi tant d'autres prouve que les vols d'enfants sont encore un sujet brûlant d'actualité : Angel me parle d'un trafic qui vient d'être démantelé au Pérou. À sa tête, un médecin soupçonné d'avoir vendu 30 mineurs à des familles européennes et américaines, pour 10 000 dollars chacun. Sa tactique : convaincre les femmes enceintes de renoncer à se faire avorter pour ensuite vendre leurs bébés. De faux actes de naissance en blanc ont été retrouvés dans son cabinet. Angel m'explique qu'ici, la falsification est un sport national. Au marché aux puces de Lima, on peut paraît-il se procurer, contre quelques soles, de faux papiers mais aussi de faux diplômes de médecin ou d'avocat. Ces contrefaçons se font au nez et à la barbe d'une annexe du ministère de la Justice, tout proche. D'ailleurs, le médecin à la tête du réseau était-il vraiment médecin ? Depuis qu'il me connaît, Angel tente de sensibiliser les pouvoirs publics et l'opinion péruvienne sur les trafics d'enfants. C'est aussi l'un de nos objectifs, en France, à travers l'association.

Angel m'annonce que le député pour qui il travaille, Rafael Rey, le « monsieur Anticorruption » du Pérou, souhaite me voir. Je suis impressionnée d'être convoquée par un député. Dans le bureau de ce dernier, trônent une image de la Vierge et une photo du pape Jean-Paul II. L'homme à l'allure européenne, cheveux gris et lunettes fines, est en train de téléphoner, il me fait signe d'entrer. J'avance timidement vers son bureau. Rafael Rey raccroche et allume une cigarette. Il est l'un des rares hommes politiques à dénoncer ouvertement ces pratiques qui gangrènent le pays. Ce patriarche à la tête d'une famille nombreuse estime que les trafics d'enfants comptent parmi les pires crimes. Mais, ici, m'explique-t-il, ceux qui sont chargés de les réprimer y participent indirectement par la corruption. Il veut parler des juges et autres avocats ou auxiliaires de justice. Il est convaincu que de nouvelles lois ne changeraient rien à la situation. « Les procédures administratives sont déjà très longues et complexes en matière d'adoption. C'est notamment pour cette raison que le marché parallèle se développe et que certains étrangers peuvent être tentés de procéder à des adoptions illégales. » Je prends conscience qu'ici, on ne peut pas raisonner à la française. Au Pérou, plus les lois sont strictes, plus les dérives sont grandes. Selon le député, la population n'est pas suffisamment informée.

Rafael Rey est un homme au grand cœur, il parraine des enfants des bidonvilles pour leur permettre d'aller à l'école et dirige une fondation au profit des lépreux dans la région de Loreto, au nord de l'Amazonie. Après plusieurs années passées au Congrès péruvien, ce député social-chrétien de centre droit va prochainement siéger au Parlement andin, un organe consultatif qui représente cinq pays d'Amérique latine. Il souhaite que je lui serve de relais entre l'Europe et l'Amérique latine. Je suis très honorée par sa proposition. Nous pourrions ainsi sensibiliser davantage de monde à notre cause de part et d'autre de l'Atlantique.

De mon côté, avec le peu de moyens dont je dispose, je tente de faire de la prévention sur les trafics. C'est une dérive marginale, certes, mais qui existe. Même en France, il y a encore de nombreux sceptiques. Lors d'un récent colloque sur l'adoption, j'ai dû témoigner de mon histoire, puisqu'une partie de l'assistance doutait de l'existence des trafics d'enfants. Pourtant, c'est bien à la suite de certains problèmes que les adoptions ont été suspendues dans plusieurs pays, comme en Roumanie, au Guatemala, en Biélorussie, à Madagascar et au Cambodge (deux pays qui vont prochainement être rouverts). D'autres pays ont connu ou connaissent encore des problèmes, comme Haïti – un pays en crise – le Viêtnam – où la MAI recommande une grande vigilance –, le Népal – où des dossiers sont « problématiques » et opaques –, le Brésil et bien sûr le Pérou, le Mali et la République centrafricaine.

En outre, tous les pays n'ont pas ratifié la Convention de La Haye relative à la protection des enfants et à la coopération en matière d'adoption internationale (1993), notamment le Viêtnam [1] et Haïti [2], qui sont pourtant les

1. 790 visas accordés en 2005.
2. 475 visas en 2005.

deux pays qui proposent le plus d'enfants adoptables. De toute façon, même dans les pays ayant ratifié la convention, des trafiquants sévissent encore. Le « marché » parallèle est proportionnel à la demande des pays occidentaux. À trop vouloir satisfaire la demande des candidats à l'adoption, on en arrive à des situations risquées, notamment dans des pays qui connaissent une crise économique ou politique. D'autant plus que les deux tiers des adoptants ne passent pas par l'intermédiaire d'un organisme agréé pour l'adoption. Les délais sont si longs que certains couples sont prêts à tout pour satisfaire leur désir d'enfant. Pour éviter une attente trop longue, il est tentant d'accepter un enfant que l'on vous propose sur un marché d'un pays du Sud, contre quelques dollars. Le film de Bertrand Tavernier, *Holy Lola*, le montre bien.

Il faudrait prendre le problème à la racine. Les dossiers des enfants proposés à l'adoption manquent de transparence. Les origines et la filiation de l'enfant devraient y être clairement explicités. Quelle était la situation sociale et psychologique de la mère et du père ? Les raisons de l'abandon de l'enfant ? Le consentement des parents biologiques devrait être une pièce obligatoire du dossier d'adoption. Idéalement, la mère qui abandonne son enfant devrait pouvoir rencontrer la famille adoptante. Certains dossiers ne contiennent même pas son nom. Dans ces cas-là, comment savoir d'où vient l'enfant ? Je ne parle même pas du cas des orphelins. En France, 25 000 familles ayant obtenu un agrément sont aujourd'hui dans l'attente d'une adoption. Au cours de l'année 2005, seulement 5 000 enfants ont été adoptés. La France est pourtant le deuxième plus important pays d'accueil, après les États-Unis. Créée en mai 2006, l'Agence française de l'adoption promet de simplifier le parcours du combattant des adoptants, en accompagnant et en conseillant ceux qui réalisent leurs démarches individuellement, et qui représentent plus de la moitié. C'est une bonne chose, mais surtout ne cédons pas au laxisme. Lors des colloques ou des conférences auxquels La voix des adoptés participe, j'essaye à chaque fois de mettre en garde les futurs parents contre les facilités.

Nous autres adoptés tentons d'exprimer notre « voix », nos opinions et nos revendications auprès des parents adoptifs. Au début, les regroupements de parents ne voyaient pas l'association d'un très bon œil. Certains devaient craindre une forme de communautarisme de notre part. Il y a dix ans, quand Racines coréennes fut créé, ses membres étaient perçus comme des gamins rebelles refusant leur adoption et cherchant à tout prix à se tourner vers leurs origines. Aujourd'hui, les mentalités ont changé et les parents adoptifs se montrent plus réceptifs. Nous avons mûri aussi. On parle d'« enfants » adoptés, mais beaucoup d'entre nous sont devenus des adultes voire des parents à leur tour.

L'association que je préside, La voix des adoptés, collabore avec « Enfance et familles d'adoption » (EFA), la plus importante association de parents adoptifs en France qui regroupe près de 10 000 familles. À travers nos expériences, nous les aidons à mieux comprendre leurs enfants. Les parents sont en fin de compte très demandeurs, ils se posent beaucoup de questions, notamment quand leurs enfants arrivent à l'adolescence. Afin d'échanger avec les familles adoptives, nous organisons tous les mois des groupes de parole au « Café de l'école des parents », une association dédiée à la famille. À chaque fois, une dizaine de personnes, adoptés et parents, répondent à l'appel. Cécile, vingt-huit ans, la psychologue de l'association, anime les séances. Son travail permet d'échanger les points de vue, de lever des tabous ou plus simplement de rassurer les parents. Chacun vient confier ses interrogations, ses inquiétudes, ou partager son expérience sur un thème différent à chaque séance : « L'adoption, en parler en famille », « L'échec de l'adoption », « La construction de l'identité à travers sa culture », « Retrouver ses parents et après ? »...

21. Mes deux familles

J'ai eu beaucoup de chance. J'en ai pris conscience en écoutant les mésaventures de bon nombre d'adoptés. Mon histoire se termine par un « happy end », comme disait Ismaël León, le journaliste péruvien. Aujourd'hui, j'ai deux familles : deux mères, deux pères, deux sœurs, deux frères, quatre neveux et une ribambelle de cousins... Mamita et ma mère adoptive s'écrivent régulièrement. Mes deux familles auraient dû se rencontrer le 31 octobre 2004, date de mon mariage avec Fernando, mais l'ambassade de France au Pérou en a décidé autrement. Mes parents adoptifs avaient invité ma famille péruvienne, chez eux, en France, afin qu'elle partage ce grand moment de ma vie. Malheureusement, une semaine avant le mariage, la demande de visa a été refusée par l'ambassade, sans aucune explication. J'ai vécu cela comme une trahison de la part de mon pays d'adoption.

Paradoxalement, cette quête d'origine m'a énormément rapprochée de ma mère adoptive. Elle est ma première confidente. Calme et tolérante, elle est toujours là pour écouter mes états d'âme, me conseiller, m'encourager. Je peux lui dire tout ce que j'ai sur le cœur. Avec mon père, c'est différent. Je n'ose pas lui révéler certains pans de ma vie, comme mes déboires sentimentaux, de peur de le décevoir. Il est un homme droit et sérieux. Son avis, même s'il est parfois sévère, m'importe beaucoup. Je voudrais tant qu'il soit fier de moi. Aujourd'hui, je me rends compte que les principes qu'il m'a inculqués, comme l'honnêteté, la loyauté, l'altruisme, sont des valeurs fondamentales.

Mes parents ont toujours été soudés dans cette épreuve. Leur couple est un modèle pour moi. Après avoir été confrontée à toutes sortes de réactions de la part des parents adoptifs, je réalise à quel point ils sont formidables. Ils ont fait preuve d'une générosité sans borne en me laissant suivre le chemin que je voulais, sans jamais me juger ni chercher à m'accaparer. C'est, je pense, la plus belle preuve d'amour que peuvent offrir des parents. Ma mère qui avait pourtant mille raisons d'être jalouse de mamita et de ma nouvelle famille, m'a toujours soutenue, comme peu de parents, adoptifs ou biologiques, l'auraient fait. Jamais mes parents n'ont tenté de me faire culpabiliser. Ils ne me montraient pas leur angoisse. Pourtant, je sais qu'ils ont eu peur de me perdre. Aujourd'hui encore, alors que je n'envisage plus de vivre au Pérou, je sens qu'ils sont soulagés quand ils me voient arriver à l'aéroport de Roissy, de retour de là-bas. Je ne pourrai jamais me séparer d'eux. Dorénavant, j'essaye de les rassurer, de leur montrer davantage que je les aime, même si je ne suis pas encore aussi démonstrative que les Péruviens !

De l'autre côté de l'Atlantique, je mets en pratique l'éducation qu'ils m'ont donnée. Jusque-là, je n'avais jamais eu l'occasion d'aider les autres. Confrontée à la misère au Pérou, je n'ai pas pu rester les bras croisés. Aux yeux de ma famille biologique, je joue le rôle du Père Noël, qui rapporte toujours de nouveaux cadeaux dans sa hotte. Vêtements, jouets pour les enfants, cahiers, stylos... remplissent à chaque voyage au moins deux de mes valises. Personne ne m'y force. Il y a maintenant trois ans, quand j'ai décidé de leur venir en aide, je ne mesurais pas la portée de ce choix. À vingt-six ans, je me retrouve « soutien de famille ». Impossible de faire machine arrière. Je leur envoie environ 150 euros par mois. Si je pouvais, je leur donnerais davantage, mais les fins de mois sont déjà difficiles pour Lisa et moi. Ce qui est dur, c'est que je ne peux compter que sur moi-même pour améliorer leurs conditions de vie. Lors de mon dernier séjour, alors qu'une de mes tantes dormait à la maison, j'ai fini par remarquer que nous nous partagions quatre lits pour dix personnes ! Ma pauvre tante ne pouvait fermer l'œil, les filles de ma sœur sautaient sur le lit qu'elles devaient partager à trois. Je suis aussitôt allée leur acheter des lits superposés. Mais il y aurait tant à faire... J'aimerais mettre les membres de ma famille péruvienne à l'abri du besoin, qu'ils aient un vrai toit, des murs pour se protéger du froid l'hiver, un sol digne de ce nom... Je ne peux malheureusement pas faire tout ce que je souhaite. C'est horrible à dire, mais, si un jour ma sœur Gaby a besoin de suivre une trithérapie, je ne sais même pas si j'aurai les moyens de la lui payer.

Avec l'argent que je lui donne, ma mère peut régler le strict minimum : l'eau, l'électricité et le téléphone. Depuis deux ans, je paye aussi la scolarité de mon petit frère. Je mise beaucoup sur lui. Et pour l'instant, ses efforts sont à la hauteur de mes espérances. Vladimir figure toujours parmi les cinq meilleurs élèves de sa classe, ce qui fait la fierté de ma mère. Lors de mon dernier séjour au Pérou, je lui ai appris quelques mots de français. Il a déjà fait de gros progrès. Je ne voudrais pas qu'il gâche ses chances dans ce pays où l'ascension sociale n'existe pas. Ici, quand on naît dans un bidonville, en général, on y reste. Je rêve qu'il vienne étudier en France après le collège. Mais les choses ne sont pas si simples. D'une part, mamita aurait du mal à voir partir son petit dernier, le seul homme de la maison. Et surtout, il lui faudrait des papiers en règle. Car devant la loi, Vladimir n'est pas mon frère, l'adoption plénière ayant coupé tout lien de filiation entre nous. Officiellement, ma famille n'est rien pour moi ! Dans mon cœur, les choses sont bien sûr différentes.

Une fois au Pérou, je fais le vide dans ma tête, j'essaie de mettre de côté mes petits soucis personnels pour me consacrer entièrement à ma famille. En l'espace de trois ans, je n'ai vécu qu'à peine trois mois avec ma mère, mon père et les autres. Et dans l'avenir, je ne suis pas certaine de pouvoir venir les voir tous les ans. Alors, je profite d'eux au maximum, nous passons beaucoup de temps à discuter. Une nouvelle complicité s'est créée entre ma mère et moi. Je suis moins « sauvage » avec elle, et plus disponible pour recevoir son affection. Du coup, je lui confie davantage de choses. Dernièrement, je lui parlais de mes problèmes de couple avec Fernando. Mamita, elle, me racontait ses déboires avec mon père, son seul et unique amour. Elle en a tellement bavé avec lui qu'elle s'imagine que tous les Péruviens sont de la même trempe : machos, coureurs, irresponsables... Son souhait le plus cher serait de me voir tomber amoureuse d'un Français. C'est amusant, ma mère adoptive, elle, au contraire, était contente de me savoir dans les bras d'un Latino.

Nos discussions de femmes forment de courtes parenthèses dans la vie de mamita. Je la sens heureuse quand je suis là. Mais dès que la date de mon départ approche, son visage s'assombrit. Elle retrouve ses traits durs qui la protègent comme une sorte de carapace. C'est un petit bout de femme forte et fragile à la fois. Je l'admire. Tous les jours, elle se bat pour que sa maison tourne, pour que ses enfants et ses petits-enfants soient bien élevés malgré la pauvreté. Elle a dû assumer financièrement toute la famille et jouer le rôle du père surtout pour Vladi. Toute sa vie, Mamita l'a consacrée à ses enfants, elle ne pense jamais à elle. Ça me fait de la peine. Au fil du temps, j'ai de plus en plus de mal à la quitter, je culpabilise. Si elle comprend mieux que je ne puisse pas venir aussi souvent que je le souhaiterais, parfois, elle se sent encore rejetée. Il faut dire qu'elle est un peu possessive, elle voudrait que je l'appelle trois fois par semaine. Il n'est pas évident de lui faire admettre que j'ai aussi une vie, ma vie, à Paris. En trois ans, nos rapports ont beaucoup évolué. Mon cœur s'est ouvert. Elle n'est plus seulement ma génitrice, elle devient peu à peu ma seconde mère, même si j'ai encore du mal à l'appeler « maman ». Ma mère avec un grand *M* restera toujours ma mère française.

Quant à mon père biologique, je le vois très peu depuis qu'il a quitté à nouveau la maison il y a deux ans. Et lorsqu'il y vivait, il alimentait davantage les fonds de la brasserie Pilsen située à Callao que le porte-monnaie du ménage. Aujourd'hui, il boit de plus en plus, ne travaille toujours pas. Son côté patriarche a rapidement disparu. Il se comporte avec moi plutôt comme « un pote » que comme un père. On fait la fête ensemble, on va danser... Il est encore un adolescent dans sa tête. Jamais il ne prendra la place de mon père français, l'homme qui m'a guidée dans ma vie et continue à le faire.

Là-bas, Céline devient Doris. Je laisse davantage s'exprimer mon côté latino au Pérou. Je suis plus démonstrative, plus extravertie qu'en France. Doris est la version péruvienne de Céline, mais au fond, je suis toujours la même. Je vis avec cette dualité depuis mon enfance. Doris a toujours été présente dans mon imaginaire. J'ai grandi en pensant à cette petite fille que j'avais personnifiée par une poupée de chiffon. Au Pérou, tout le monde m'appelle Doris, sauf mon petit frère qui depuis peu m'appelle Céline, comme s'il avait pris conscience que j'avais une autre vie. Alors qu'en France Céline est une citoyenne lambda, au Pérou Doris est considérée comme une « star ». Ma mère ne peut s'empêcher d'être aux petits soins pour moi, de veiller à ce que je ne manque de rien. Tous ces salamalecs ont tendance à m'énerver. Je voudrais qu'on me traite comme n'importe quel autre membre de la famille. Parfois, j'ai l'impression d'être une assistée. En même temps, je la comprends.

Pour elle, je suis restée l'enfant qu'elle n'a pas vu grandir. Elle me protège, parfois jusqu'à l'étouffement. Au bout d'un certain temps, ça devient vraiment pesant. Là-bas, je ne peux rien faire toute seule. Ma mère refuse que je sorte sans ma « garde rapprochée », si je vais m'isoler cinq minutes sur un lit, elle s'inquiète... Je ne me sens pas chez moi. On me sollicite sans cesse, on me demande mon avis sur tout, comme si c'était parole d'évangile. Je ne peux jamais être au calme. Là-bas, on vit en communauté. Et comme il n'y a pas de porte, je n'ai aucune intimité. Au bout de quelques jours, mon petit confort me manque. J'aimerais de temps en temps prendre une bonne douche chaude ou simplement pouvoir marcher pieds nus par terre, mais c'est l'endroit où l'on écrase les cigarettes...

Parfois, je me sens perdue entre mes deux cultures. Pour éviter de devenir complètement « schizophrène », j'essaye de bien cloisonner mes deux vies. Les longues heures de vol en avion me permettent de faire la transition. À l'aller, je me prépare à vivre à la péruvienne. J'écoute de la salsa sur mon baladeur MP3, j'observe les gens autour de moi qui, au fur et à mesure des escales, deviennent de plus en plus typés, puis j'aperçois les lumières de Lima à travers le hublot. À l'arrivée, mamita et moi nous serrons dans les bras l'une de l'autre en nous disant mutuellement : « Je ne t'ai jamais oubliée ». C'est devenu un rituel. En sens inverse, au retour en France, je redescends sur terre, je me réadapte doucement à la vie européenne. À Paris, mes parents sont toujours là pour m'accueillir. Dans un coin de ma tête, je garde le souvenir de ma famille dans le besoin au Pérou. Je me sens un peu coupable.

Finalement, j'ai de la chance d'avoir été adoptée. J'ai longtemps refusé de l'admettre mais, plus je passe de temps au Pérou, plus j'en ai conscience. Lors de mon dernier séjour, une femme au marché m'a demandé d'où je venais. Car, malgré mon physique indien, j'ai l'allure d'une Européenne. Je lui ai expliqué que j'avais été adoptée en France. Sur ce, elle m'a répondu : « J'espère que tu réalises que tous les enfants n'ont pas eu ta chance ici ! » À ses pieds, j'ai vu un gamin de deux ans qui jouait avec un journal dans la terre. Et là, je me suis dit : « Oui, je m'en rends compte ».

En courant après mes origines, je cherchais en fait ma véritable identité. Cette quête m'a aidée à me construire et à affirmer ma personnalité. Le fait de savoir d'où je viens me permet de savoir où je vais. Bien sûr, je n'ai pas trouvé immédiatement la bonne direction. Je suis passée par des chemins détournés : j'ai eu besoin d'aller chercher une famille à l'autre bout du monde pour me rendre compte que la mienne était ici, en France, j'ai adopté la culture péruvienne jusqu'à épouser un Péruvien avant de réaliser que nous étions trop différents pour vivre ensemble. Fernando aurait voulu faire de moi une gentille petite femme péruvienne, au foyer et surtout derrière les fourneaux ! La place de la femme était pour lui en cuisine. On se disputait souvent à cause de ça. Malgré mes efforts, je l'avoue : j'ai horreur de cuisiner ! Ce côté macho qui me plaisait au début de notre relation est vite devenu un obstacle entre nous. D'autant plus que Fernando n'avait qu'une idée en tête : retourner vivre au

Pérou. Si j'ai cru à un moment pouvoir changer ma personnalité et rêver d'une vie heureuse au Pérou, aujourd'hui, c'est impensable. J'ai grandi en France, je ne peux renier mon éducation. Je suis une femme indépendante, une mère qui assume sa fille, j'ai encore mille projets à réaliser... Je ne voulais pas sacrifier ma vie pour mon mari. Au fil des mois, le fossé culturel se creusait entre nous. Quelques mois après notre mariage, nous nous sommes séparés. Aujourd'hui, nous sommes en instance de divorce. Cet échec m'a fait comprendre que je ne pouvais pas forcer ma nature pour devenir 100 % péruvienne.

J'ai d'ailleurs pris mes distances avec le monde latino. Je sors moins dans les soirées péruviennes, je m'implique dans des projets plus personnels, comme l'association, je prends plus de temps avec Lisa. Aujourd'hui, elle a six ans. D'ici quelques années, elle sera en mesure de tout comprendre. Je me suis aussi rapprochée de mon frère Jeremy qui comprend maintenant ma démarche et qui est devenu un jeune homme épanoui et droit. Depuis peu, j'effectue un retour aux sources, mais dans le sens inverse. Après avoir passé plus de cinq ans à courir après mon passé, je pose enfin mes valises, en France, dans mon petit trois pièces de Bondy, en banlieue parisienne. J'ai l'impression de rentrer chez moi comme après un très long voyage. Je retrouve ma maison, mon pays. Cela me fait du bien. Ici, je me sens en sécurité. Et puis je refais désormais ma vie avec un garçon qui a la même culture française que moi. Ce qui m'a enfin rendu la stabilité que j'avais perdue ces dernières années.

Néanmoins, je ne regrette rien de ce long voyage. C'était un parcours initiatique qui m'a appris à me connaître. Aujourd'hui, j'ai trouvé mon équilibre entre mes deux cultures. J'ai eu des illusions, des déceptions, des doutes. J'ai cru appartenir à un monde qui n'était pas le mien. Contrairement à ce que je pensais, je n'ai ni la mentalité ni la culture péruvienne. Ce qui ne m'empêche pas d'être attirée comme un aimant vers mon pays d'origine. J'aime respirer l'air du Pérou, mon cœur vibre au contact des gens et de la musique. C'est quelque chose d'irrationnel, de très intime qui était enfoui au fond de moi. Aujourd'hui, je me sens française avec un cœur péruvien.

Remerciements

À Émilie pour le travail fastidieux qu'elle a effectué sans relâche ;

À ma famille adoptive pour m'avoir accompagnée sur ce long chemin ;

À mamita pour m'avoir soutenue dans mon enquête ;

À Manuel Ponte Chuquino pour m'avoir aidée à retrouver ma mère ;

À Fernando et Maribel pour m'avoir guidée dans la quête de mes origines ;

À tous mes amis de l'association La voix des adoptés pour m'aider à lui faire une place dans le monde de l'adoption ,

À Martin, mon meilleur ami ;

À Ismaël León, à Pepe M., à Martin Pilco, à Rafael Rey et Angel Arbanil, à Nicolas Poincaré, à Blandine Grosjean, à Sylvie D., à C.L., à J.R. et à Nicole Duliscouët pour leur soutien et leur précieuse collaboration.

Pour contacter La Voix des adoptés :

lavoixdesadoptes@hotmail.fr
http://lavoixdesadoptes.blog4ever.com

Table